Les Fables De Phèdre: Affranchi D'auguste, Traduites En Français...

Phaedrus

1. No subject

LES FABLES
DE PHEDRE.

LES FABLES
DE PHÉDRE,

AFFRANCHI D'AUGUSTE,

TRADUITES EN FRANÇAIS.

Phaedrus,

A AVIGNON,

Chez la Veuve SEGUIN, Imprimeur-Lib.

1799.

AVERTISSEMENT.

UNE chose sur-tout , qui fait peine à ceux qui veulent apprendre la Langue Latine , c'est d'avoir à démêler l'ordre de la construction , qui n'y est pas naturelle comme en notre Langue. Pour lever cette difficulté en faveur des personnes qui commencent, j'ai marqué par des chiffres l'ordre naturel de la construction sur tous les mots du texte de Phédre.

Il faut donc pour expliquer chaque Fable , commencer par les mots marqués 1. 2. 3. & continuer ainsi jusqu'au bout. Si la Fable est longue , il faut recommencer 1. après 99. Il y a quelques mots sur lesquels j'ai mis deux chiffres, pour la commodité de la construction ; cela marque qu'il faut partager ces mots en deux. Sur *Nec*, par exemple, le premier chiffre signifie &, & le second *Non*, & ainsi des autres.

En fixant l'ordre de la construction, je

n'ai pas prétendu que cet ordre fût unique;
ni immuable; j'ai quelquefois eu plus d'égard
à l'ordre naturel des mots, par rapport à
la Langue Françoise ; & fi dans quelques
endroits, j'ai fait paſſer certains mots devant d'autres d'une manière qui ne paroît
pas la plus naturelle, ce n'a été que pour
éviter l'embarras , & décharger d'autant
quelque phraſe qui étoit longue.

TABLE

DES FABLES DE PHEDRE.

LIVRE I.

LIVRE IV.

TABLE DES FABLES DE PHEDRE.

LIVRE V.

Fin de la Table.

LES

LES FABLES
DE PHÉDRE,
AFFRANCHI D'AUGUSTE.

PHÆDRI,

AUGUSTI LIBERTI;

FABULARUM ÆSOPICARUM

LIBER PRIMUS.

PROLOGUS.

Æsopus auctor, quam materiam repperit,
Hanc ego polivi versibus senariis.
Dup ex libelli dos est; quòd risum movet,
Et quòd prudenti vitam consilio monet.
Calumniari si quis autem voluerit
Quòd arbores loquantur, non tantùm feræ;
Fictis jocari nos meminerit fabulis.

FABULA I.

LUPUS ET AGNUS.

Facile est opprimere innocentem.

Ad rivum eumdem Lupus & Agnus venerant,
Siti compulsi; superior stabat Lupus.

LES FABLES
DE PHÈDRE,
AFFRANCHI D'AUGUSTE,
LIVRE PREMIER.

PROLOGUE.

J'AI perfectionné le sujet qu'Esope a trouvé
le premier; & je l'ai mis en vers ïambiques.
Ce petit Livre a deux avantages; car il donne
du plaisir; & par les conseils prudens qu'il
renferme, il apprend aux hommes à se conduire dans la vie. Mais si quelqu'un veut nous
reprendre de ce que nous y faisons parler,
non seulement les bêtes, mais les arbres mêmes, nous le prions de considérer que c'est
par manière de jeu que nous proposons ces
fictions & ces fables.

FABLE I.
Le Loup & l'Agneau.

Il est facile d'opprimer l'innocent.

UN Loup & un Agneau pressés de la soif,
étoient venus boire à un même ruisseau. Le

Longèque inferior Agnus. Tunc fauce improba

Latro incitatus jurgî caufam huic intulit.

Cur, inquit, turbulentam mihi fecifti aquam

Iftam bibenti ? Laniger contrà timens :

Qui poffum, quæfo, facere quod quereris, Lupe ?

A te decurrit ad meos hauftus liquor.

Repulfus ille veritatis viribus,

Ante hos fex menfes, male, ait, dixifti mihi.

Refpondit Agnus : Equidem natus non eram.

Pater, hercle, tuus, inquit, maledixit mihi.

Atque ita correptum lacerat injuftâ nece.

    Hæc propter illos fcripta eft homines fabula

Qui fictis caufis innocentes opprimunt.

II. RANÆ REGEM PETENTES.

Minima de malis.

ATHENÆ cùm florerent æquis legibus,

Procax libertas civitatem mifcuit,

Frenumque folvit priftinam licentia.

Hinc confpiratis factionum partibus,

Arcem tyrannus occupat Pififtratus.

Cùm triftem fervitutem flerent Attici,

Loup avoit le deſſus de l'eau, & l'Agneau étoit beaucoup plus bas. Alors l'animal raviſſant, pouſſé par ſon avidité brutale, trouva bientôt matière de querelle. Pourquoi, dit-il, troubles-tu l'eau pendant que je bois. L'Agneau lui répondit en tremblant: Comment puis-je, ô Loup, je vous prie, faire ce dont vous vous plaignez, puiſque l'eau coule de l'endroit où vous êtes, à celui où je bois? Le Loup repouſſé par la force de la vérité, reprit: Mais il y a ſix mois que tu as parlé mal de moi. En vérité, repliqua l'Agneau, je n'étois pas né encore. C'eſt donc aſſurément ton père qui a médit de moi; & ſans autres raiſons, ſe jettant ſur lui, il le déchire, & le tue injuſtement. ¶ Cette Fable eſt faite pour ceux qui ſous de faux prétextes oppriment les innocens.

II. *Les Grenouilles qui demandent un Roi.*

Les moindres d'entre les maux ſont à préférer.

ATHÈNES floriſſoit par la beauté de ſes Loix, qui mettoient l'égalité entre les Citoyens; lorſqu'une trop grande liberté excita des troubles dans la Ville, & dégénérant en une licence effrénée, fit ſecouer le joug de l'ancienne diſcipline. Il ſe forma par ce moyen des partis & des factions. Piſiſtrate

28 29   31   30   32   33   36
Non quia crudelis ille , fed quoniam grave
34   37   35   38   39   40
Omne infuetis onus , & cœpffient queri;
42   44   41   45   43
Æfopus talem tum fabellam rettulit.
46   47   49   48
Ranæ, vagantes liberis paludibus ,
54   53   55   50   51 52
Clamore magno Regem petiere a Jove,
56   60   59   58   57
Qui diffolutos mores vi compefceret.
61   62   63   64   66   65
Pater Deorum rifit , atque illis dedit
67   68   70   69   71   72
Parvum tigillum , miffum quod fubitò vadis ;
76   78 77   73   75   74
Motu fonoque terruit pavidum genus.
80   82   84   79   81   83
Hoc merfum limo cùm jaceret diutiùs ,
85   86   88   87   90 91   89
Fortè una tacitè profert e ftagno caput ,
92   94   93   96   95
Et, explorato Rege, cunctas evocat.
97   98   99   2   1
Illæ , timore pofito , certatim adnatant ,
8   3   7   4   5   6
Lignumque fupra turba petulans infilit :
11   9   10   12   13
Quod cùm inquinaffent omni contumeliâ ,
15   14   16   17   18   19
Alium rogantes Regem mifêre ad Jovem ,
25   20   24   21   22   23
Inutilis quoniam effet qui fuerat datus.
26   27   28   29   30   34   35
Tum mifit illis Hydrum , qui dente afpero
32   31   33   39   38
Corripere cœpit fingulas. Fruftra necem
37   36   42   41   40
Fugitant inertes ; vocem præcludit metus.
45   43   44   46   47   48 49
Furtim igitur dant Mercurio mandata ad Jovem ,
52   50   51   53   55   54
Adflictis ut fuccurrat. Tunc contrà Deus :

se rendit maître de la Citadelle, & devint Roi. Les Athéniens déplorant alors la triste servitude où ils se voyoient réduits, non que Pisistrate fût cruel, mais parce que n'étant pas faits à la dépendance, elle étoit pour eux un pesant fardeau, ils voulurent se plaindre : Esope leur conta cette Fable.

Les Grénouilles, qui vivoient en liberté dans les marais, demandèrent à grands cris à Jupiter un Roi, qui par la force & l'autorité réprimât le déréglement de leurs mœurs. Le Père des Dieux en rit, & leur donna pour Roi un petit soliveau, qui, tombant tout-à-coup dans leur étang, effraya ce petit peuple timide, par l'agitation & par le bruit qu'il causa dans les eaux. Mais comme il demeuroit un peu trop long-tems immobile, parce qu'il étoit enfoncé dans la boue : il y en eut une qui se hasarda de mettre doucement la tête hors de l'eau, & qui ayant examiné ce que c'étoit que ce Roi, appella toutes les autres. Alors leur frayeur étant dissipée, ce fut à qui s'y rendroit la première : ensuite elles sautèrent insolemment sur ce Roi de bois ; & après lui avoir fait toute sorte d'indignités, elles envoyèrent demander à Jupiter un autre Roi, parce que celui qui leur avoit été donné, ne pouvoit leur être utile ; mais Jupiter leur envoya un Hy-

57   58   60   59   56   61
Quia noluiftis veftrum ferre, inquit, bonum ;
63   62   64   65   66 67   68
Malum perferte. Vos quoque, o Cives, ait,
70   69   73 72 74   71
Hoc fuftinete, majus ne veniat, malum.

III. GRACULUS SUPERBUS.

In propriâ pelle quiefce.

6   8   7   10   9
NE gloriari libeat alienis bonis,
15   11   12   16   14   13
Suoque potiùs habitu vitam degere;
1   3   4   5   2
Æfopus nobis hoc exemplum prodidit.
18   20   17   19
Tumens inani Graculus fuperbiâ,
22   25   23   24   21
Pennas, Pavoni quæ deciderant, fuftulit ;
28 26   27   29   30   31
Seque exornavit : deinde contemnens fuos ;
32   33   36   34   35
Immifcuit fe Pavonum formofo gregi.
37   41   39   38   40
Illi impudenti pennas eripiunt avi,
43   42   44   47   46   45
Fugantque roftris. Malè mulctatus Graculus
50   48   49   51   53   52
Redire mœrens cœpit ad proprium genus ;

dre ; qui commença par les prendre les unes
après les autres , & leur fit sentir sa dent
cruelle. Elles font en vain de foibles efforts
pour éviter la mort qui les menace : la crainte
leur étouffe la voix. Elles chargent donc secrètement Mercure de demander pour elles
à Jupiter quelque secours dans leur affliction.
Mais ce Dieu leur fit cette réponse : Souffrez
le mal présent , puisque vous n'avez pu vous
contenter de votre bonheur. ‾ ‿ s aussi :
ô Citoyens , endurez ce ma' ‿ ‿ inte qu'un
plus grand n'arrive.

III. *Le Geai superbe.*

Ne t'éléve point au-dessus de ta condition.

EsopE nous a laissé cet exemple , afin qu'il
ne prenne envie à personne de se parer des
avantages qui appartiennent aux autres ; mais
que chacun plutôt vive content dans son état.
Un Géai enflé d'une sotte vanité , amassa
des plumes d'un Paon , à qui elles étoient
tombées , & se les ajusta ; ensuite méprisant
ses pareils , il alla se mettre en rang dans la
belle troupe des Paons ; mais ceux-ci voyant
l'impudence de cet oiseau , lui arrachèrent
les plumes , & le chassèrent à coups de bec.
Le Geai ainsi maltraité , & fort triste , prit
le parti de retourner chez ceux de son espèce ;

A 5

54 55　　56　　59　　57　　58
A quo repulfus, triftem fuftinuit notam.
　60　　61　　62　63　　64　　66　　　65
Tum quidam ex illis quos priùs defpexerat:
　69　　　70　　67　　68　　　71
Contentus noftris fi fuiffes fedibus,
72　　75　　76　　　77　　　73　　74
Et, quod natura dederat, voluiffes pati:
78 79　82　　　80　　　81　　　83
Nec illam expertus effes contumeliam,
84 87　89　　　90　　85　　88　　86
Nec hauc repulfam tua feutiret calamitas.

IV. CANIS DECEPTUS.

Avidum fua fæpè deludit aviditas.

　　4　　　5　　　6　　1　　3　　　2
Amittit meritò proprium, qui alienum adpetit.
8　10　　11　　13　　7　　12　　9
Canis per flumen, carnem dum ferret, natans
　19　　17　18　　14　　16　　15
Lympharum in fpeculo vidit fimulacrum fuum;
22　20　23　25 26　24　　21
Aliamque prædam ab alio perferri putans,
28　　27　　29　　31　　30
Eripere voluit: verùm decepta aviditas,
32　35　36　　37　33　　34
Et quem tenebat ore dimifit cibum,
38 40　43　　44　　39　　41　　42
Nec quem petebat adeò potuit attingere.

mais il eut encore le dépit d'en être repouſſé, & il ſe vit couvert de honte. Alors un de ceux qu'il avoit mépriſé auparavant, lui dit: Si tu avois pu te contenter de vivre parmi nous, & que tu euſſes bien voulu demeurer dans l'état où la nature t'avoit mis, tu n'aurois pas reçu un tel affront des Paons, & tu ne te verrois pas rejetté des tiens mêmes, dans ton malheur.

IV. *Le Chien qui nage.*

Qui veut tout avoir, perd tout.

CELUI qui veut avoir le bien des autres, mérite de perdre le ſien propre. ¶ Un Chien qui paſſoit une rivière, & tenoit un morceau de chair dans ſa gueule, vit ſon image dans l'eau; & croyant voir un autre Chien qui portoit une autre proie que la ſienne, il voulut la lui arracher: mais il fut trompé par trop d'avidité; car il lâcha le morceau qu'il tenoit dans ſa gueule, & il ne put attraper celui qu'il vouloit avoir.

V. VACCA, CAPELLA, OVIS, ET LEO.

Potentioris societatem fuge.

N[4]UMQUAM [6]est [5]fidelis [7]cum [2]potente [3]societas [1]:
[10]Testatur [8]hæc [9]fabella [12]propositum [11]meum.
   [13]Vacca [14]& [15]Capella, [16]& [18]patiens [17]Ovis [19]injuriæ;
[21]Socii [20]fuere [22]cum [23]Leone [24]in [25]saltibus.
[26]Hi [27]cùm [28]cepissent [29]Cervum [31]vasti [30]corporis,
[37]Sic [36]est [35]locutus, [32]partibus [33]factis, [34]Leo:
[38]Ego [40]primam [39]tollo, [42]nominor [41]quia [43]Leo;
[46]Secundam, [47]quia [48]sum [49]fortis, [44]tribuetis [45]mihi;
[50]Tum, [54]quia [56]plus [55]valeo, [53]me [52]sequetur [51]tertia;
[62]Malo [61]adficietur, [57]si [58]quis [60]quartam [59]tetigerit.
[63]Sic [67]totam [68]prædam [65]sola [64]improbitas [66]abstulit.

VI. RANÆ AD SOLEM.

Improborum improba soboles:

V[6]ICINI [5]furis [4]celebres [2]vidit [3]nuptias
[1]Æsopus, [7]& [8]continuò [10]narrare [9]incipit:
   [16]Uxorem [11]quondam [12]Sol [13]cùm [14]vellet [15]ducere,
[19]Clamorem [17]Ranæ [18]sustulere [20]ad [21]sidera.

V. *La Vache, la Chèvre, la Brebis & le Lion.*

Il ne faut point s'associer avec un plus puissant
que soi.

Il n'y a jamais de bonne foi dans la société
que l'on fait avec un plus puissant que soi.
Cette Fable est une preuve de ce que j'avance. ¶ La Vache, la Chèvre & la Brebis,
animal fort doux & sans défense, s'associè-
rent dans les bois avec le Lion. Ayant pris
ensemble un grand Cerf, dont ils firent qua-
tre parts, le Lion leur parla de cette sorte :
Je prends la première, parce que je m'ap-
pelle Lion ; vous devez me céder la seconde,
parce que je suis brave ; la troisième aussi ne
peut me manquer, parce que je suis le plus
fort : si quelqu'un touche à la quatrième, il
s'en trouvera mal. Ainsi la violence seule
emporta toute la proie.

VI. *Les Grenouilles qui se plaignent du Soleil.*

Mauvais père, mauvais enfans.

Esope voyant une belle nôce d'un de ses
voisins, qui étoit un voleur, conta sur le
champ cette Fable. ¶ Un jour le Soleil étant
dans le dessein de se marier, les Grenouilles
firent des cris qui allèrent jusqu'au Ciel. Ju-

[24] [23] [25] [22]
Convicio permotus quærit Jupiter
[26] [27] [29] [28] [31] [30]
Caufam querelæ. Quædam tum ftagni incola :
[33] [32] [36] [34] [35] [37]
Nunc, inquit, omnes unus exurit lacus.
[39] [38] [40] [43] [42] [41]
Cogitque miferas aridâ fede emori :
[44] [46] [45] [47] [48] [49]
Quidnam futurum eft fi creârit liberos ?

VII. VULPES AD PERSONAM.

Stultorum honor inglorius.

[4] [5] [3] [1] [2]
PERSONAM tragicam fortè Vulpes viderat
[6] [7] [8] [9] [12] [10] [11]
O quanta fpecies! inquit : cerebrum non habet.
[13] [16] [14] [15] [17] [20] [21] [22]
Hoc illis dictum eft, quibus honorem & gloriam
[18] [19] [24] [25] [23]
Fortuna tribuit, fenfum communem abftulit.

VIII. LUPUS ET GRUIS.

Malos tueri haud tutum.

[1] [3] [4] [5] [6] [2]
QUI pretium meriti ab improbis defiderat,
[8] [7] [9] [10] [12] [11]
Bis peccat; primùm quoniam indignos adjuvat;
[19] [18] [13] [14] [15] [16] [17]
Impunè abire deinde quia jam non poteft.
[21] [22] [24] [20] [23] [25]
Os devoratum fauce cùm hæreret Lupi,
[27] [28] [26] [29] [31]
Magno dolore victus cœpit fingulos
[30] [32] [33] [35] [34] [36]
Inlicere pretio, ut illud extraherent malum.

...portuné de leurs plaintes, demanda
...étoit le sujet. Alors une des habitan-
...l'étang lui dit : il n'y a qu'un Soleil
...d'hui, & néanmoins il brûle tous nos
..., & nous fait mourir misérablement,
...avoir séché notre demeure : que sera-ce
...si jamais il a des enfans ?

II. *Le Renard qui trouve un masque.*

...rands honneurs déshonorent ceux qui en
sont indignes.

...Renard ayant vu par hasard un masque
...héâtre : La belle tête ! dit-il, mais elle
...point de cervelle. ¶ Cela est dit pour
...x à qui la fortune a donné part aux hon-
...rs & à la gloire, mais à qui elle a refusé
...sens commun.

VIII. *Le Loup & la Grue.*

Il est dangereux de secourir les méchans.

CELUI qui rend service aux méchans, dans
...a vue d'en recevoir quelque récompense,
...fait une double faute ; d'abord, parce qu'il
...fait plaisir à ceux qui en sont indignes ; en-
...suite, parce qu'il s'expose lui-même à ne
...pouvoir se tirer d'avec eux sans péril. ¶ Un
...os qu'un Loup avaloit un peu trop vîte, lui

Tandem perſuaſa eſt jurejurando Gruis;

Gulæque credens colli longitudinem,

Periculoſam fecit medicinam Lupo.

Pro quo cùm pactum flagitaret præmium:

Ingrata es, inquit, ore quæ noſtro caput

Incolume abſtuleris, & mercedem poſtules!

IX. PASSER ET LEPUS;

Ne inſultes miſeris.

Sɪʙɪ non cavere, & aliis conſilium dare,

Stultum eſſe, paucis oſtendamus verſibus.

    Oppreſſum ab Aquilâ, fletus edentem graves,

Leporem objurgabat Paſſer : Ubi pernicitas

Nota, inquit, illa eſt? quid ita ceſſarunt pedes?

Dum loquitur, ipſum Accipiter nec opinum rapit,

Queſtuque vano clamitantem interſicit.

Lepus ſemianimus, mortis in ſolatio :

Qui modò ſecurus noſtra inridebas mala,

demeura dans le gofier , & lui caufoit une douleur infupportable. Il eut recours à toutes les bêtes qu'il trouva dans fon chemin , & promit récompenfe à celle qui le tireroit du danger où il étoit. Enfin la Grue fe laiffa perfuader à fon ferment ; & confiant fon long cou à la gueule du Loup, elle lui fit une opération fort dangereufe pour elle-même. Comme elle lui demandoit le prix de fon fervice: Vous êtes une ingrate, lui dit-il, d'exiger rien de moi, vous qui feule avez eu le privilège de retirer entière votre tête d'entre mes dents.

IX. *Le Moineau, & le Lièvre.*

N'infulte point aux miférables.

JE vais montrer en peu de mots, que c'eft une folie de ne pas prendre garde à foi, & de vouloir donner confeil aux autres. ¶ Un Moineau infultoit à un Lièvre, qu'un Aigle tenoit ferré fous fes griffes, & qui fe défef-péroit. Qu'eft devenue, dit-il, cette vîteffe que l'on nous vante fi fort ? & pourquoi tes pieds n'ont-ils pas fait leur devoir ? Pendant qu'il parle, un Epervier le prend lui-même, fans qu'il y penfe, & le tue malgré fes plain-tes & fes cris. Le Lièvre, à demi-mort, eut encore, avant d'expirer, la confolation de

Simili querelâ fata deploras tua.

X. LUPUS, VULPIS, ET SIMIUS.

Mendaci ne verum quidem dicenti creditur.

QUICUMQUE turpi fraude semel innotuit,
Etiamsi verum dicit, amittit fidem.
Hoc adtestatur brevis Æsopi fabula.
  Lupus arguebat Vulpem furti crimine ;
Negabat illa se esse culpæ proximam.
Tunc Judex inter illos sedit Simius :
Uterque causam cùm perorassent suam ,
Dixisse fertur Simius sententiam :
Tu non videris perdidisse quod petis ;
Te credo subripuisse quod pulchrè negas.

pouvoir dire ces paroles : Toi qui riois,
ny a qu'un moment, de mon malheur,
que tu croyois être en sûreté, te voilà
réduit toi-même à te plaindre, & à
plorer ta destinée ?

Le Loup, le Renard, & le Singe.

...eroit pas le menteur, lors même qu'il dit
vrai.

...n qui s'est fait une fois connoître par
...ne fourberie, mérite de n'être point
...lors même qu'il dit vrai. Cette petite
...d'Ésope nous le fait voir. ¶ Le Loup
...oit le Renard de lui avoir fait un larcin :
...enard se défendoit fort d'avoir commis
...ction dont il disoit n'être point capable.
...inge, ayant été pris pour juge, après
...eurent l'un & l'autre bien plaidé leur
...e, prononça, dit-on, cette sentence :
...vous, ô Loup ; il ne me paroît pas
...vous ayez perdu ce que vous demandez :
...vous, Renard, je croirois bien que
...avez dérobé ce que vous soutenez si
...cieusement n'avoir pas pris.

XI. ASINUS ET LEO.

Ridicula in imbelle virtutis oftentatio.

VIRTUTIS expers, verbis jactans gloriam,

Ignotos fallit, notis eft derifui.

Venari Afello comite cùm vellet Leo,

Contexit illum frutice, & admonuit fimul

Ut infuetâ voce terreret feras,

Fugientes ipfe exciperet. Hîc auritulus

Clamorem fubitum totis tollit viribus,

Novoque turbat beftias miraculo.

Quæ dum paventes exitus notos petunt,

Leonis adfliguntur horrendo impetu;

Qui, poftquàm cæde feffus eft, Afinum evocat,

Jubetque vocem premere. Tunc ille infolens :

Qualis videtur opera tibi vocis meæ ?

Infignis, inquit, fic, ut nifi noffem tuum

Animum genufque, fimili fugiffem metu.

XI. *L'Ane & le Lion.*

vanité fied mal à un homme fans cœur.

LUI qui manque de cœur, & parle de
belles actions , peut bien en impofer à
qui ne le connoiffent pas ; mais il fe
ridicule à ceux qui le connoiffent. ¶ Le
n pour avoir du plaifir à la chaffe, y mena
ne avec lui, le cacha dans des brouffail-
, & lui dit en même tems d'épouvanter
bêtes par une manière de braire toute
velle, pendant qu'il les attendroit pour
prendre au paffage, lorfqu'elles s'enfui-
nt. L'Animal aux longues oreilles , fe mit
ier de toutes fes forces; il effraya les bêtes
ce nouveau prodige : & lorfqu'épouvan-
, elles voulurent gagner les iffues du bois,
leur étoient connues, elles éprouvèrent
violence & les affauts terribles du Lion ,
après s'être laffé du carnage, dit à l'Ane
ortir du lieu où il étoit, & lui commanda
e taire : mais lui, devenu infolent: Que
s femble, dit-il, du fervice que ma voix
t de vous rendre ? C'eft un fervice
alé , dit le Lion, & tel, que fi je n'a-
connu ton courage, & n'avois fu que
es qu'un Ane, j'aurois eu la même peur
les autres.

XII. CERVUS AD FONTEM.

Utiliſſimum ſæpè quod contemnitur.

LAUDATIS utiliora quæ contempſeris
Sæpe inveniri, hæc exerit narratio.
    Ad fontem Cervus, cùm bibiſſet, reſtitit;
Et in liquore vidit effigiem ſuam.
Ibi dum ramoſa mirans laudat cornua,
Crurumque nimiam tenuitatem vituperat;
Venantum ſubitò vocibus conterritus,
Per campum fugere cœpit, & curſu levi
Canes eluſit. Silva tum excepit ferum,
In quâ retentis impeditus cornibus,
Lacerari cœpit morſibus ſævis Canum.
Tunc moriens vocem hanc edidiſſe dicitur:
O me infelicem, qui nunc demum intelligo,
Ut illa mihi profuerint quæ deſpexeram,
Et, quæ laudâram, quantùm luctûs habuerint.

XII. *Le Cerf près d'une fontaine.*

Souvent ce qui fert le plus, eft méprifé.

CETTE Fable nous fait voir que les chofes
ont on ne fait point de cas, fe trouvent
ouvent plus utiles que celles qu'on vante &
que l'on eftime. ¶ Le Cerf, après avoir bu
a une fontaine, s'y arrêta ; & fe voyant re-
préfenté dans l'eau, il regardoit avec admi-
ration fon bois, dont il étoit fort content,
& il méprifoit fes jambes qui lui paroiffoient
trop menues, lorfque tout d'un coup épouvanté par un bruit de Chaffeurs, il fe mit à
fuir au travers de la campagne, & s'échappa
des Chiens par la légéreté de fa courfe. Enfuite il fe jetta dans la forêt, où fon bois s'é-
tant embarraffé, il refta en prife aux Chiens,
qui le déchirèrent cruellement. Alors en mourant, il dit ces triftes paroles. Que je fuis
malheureux, de ne connoître enfin qu'en ce
moment, combien ce que je méprifois
m'étoit utile, & combien de maux devoit
me caufer ce que j'eftimois tant.

XIII. VULPES ET CORVUS.

Laudatore nihil infidiofius.

QUI fe laudari gaudent verbis fubdolis,
Seræ dant pœnas turpes pœnitentiæ.
Cùm de feneftrâ Corvus raptum cafeum
Comeffe vellet, celfâ refidens arbore,
Hunc vidit Vulpes, dehinc fic occœpit loqui :
O qui tuarum, Corve, pennarum eft nitor !
Quantùm decoris corpore & vultu geris !
Si vocem haberes, nulla prior ales foret.
At ille ftultus, dum vult vocem oftendere,
Emifit ore cafeum, quem celeriter
Dolofa Vulpes avidis rapuit dentibus.
Tum demum ingemuit Corvi deceptus ftupor.
Hâc re probatur quantùm ingenium valet,
Virtute & femper prævalet fapientia.

XIII. *Le Corbeau & le Renard.*

Les louanges font des pièges.

CELUI qui fe plaît à recevoir des louanges qu'on lui donne pour le tromper, en eft prefque toujours puni par la honte du repentir. ¶ Un Corbeau s'étoit perché fur un grand arbre, pour y manger un fromage qu'il avoit pris fur une fenêtre; un Renard l'apperçut, & commença à lui parler de la forte: O Corbeau, que tes plumes ont d'éclat! quel affemblage de beautés fe fait remarquer fur ton corps & fur ta tête! Si avec cela tu avois de la voix, il n'y a point d'oifeau qui te valût. Le fot voulant montrer qu'il avoit auffi de la voix, laiffa tomber le fromage, que le Renard plus fin que lui, ramaffa dans le moment, & dévora avec avidité. Tout ce que put faire le ftupide Corbeau, quand il fe vit trompé, ce fut de fe plaindre. On peut voir par cet exemple, qu'il eft bon d'avoir de l'efprit, & que le plus adroit l'emporte fur le plus fort.

B

XIV. EX SUTORE MEDICUS.

Fallax vulgi judicium.

MALUS cùm Sutor, inopiâ deperditus,
Medicinam ignoto facere cœpisset loco,
Et venditaret falso antidotum nomine;
Verbosis acquisivit sibi famam strophis.
Hîc, cùm jaceret morbo confectus gravi,
Rex urbis, ejus experiendi gratiâ,
Scyphum poposcit, fusâ dein simulans aquâ
Miscere illius antidoto se toxicum,
Hoc bibere jussit ipsum, posito præmio.
Timore mortis ille tum confessus est
Non artis ullâ medicæ se prudentiâ,
Verùm stupore vulgi, factum nobilem.
Rex, advocatâ concione, hæc edidit :
Quantæ putatis esse vos dementiæ,
Qui capita vestra non dubitatis credere
Cui calceandos nemo commisit pedes ?
Hoc pertinere verè ad illos dixerim
Quorum stultitiâ quæstus impudentiæ est.

XIV. *Le Cordonnier Médecin.*

Le Peuple eſt un mauvais Juge.

Un Cordonnier, qui n'entendoit point ſon métier, réduit à mourir de faim, & ne ſachant plus que faire, s'aviſa d'aller exercer la médecine dans un endroit où il n'étoit pas connu; & vendant de faux antidote, il parvint à ſe faire une eſpèce de réputation par des diſcours artificieux ordinaires aux charlatans. Le roi de la ville où il demeuroit, étant alors affoibli d'une grande maladie qui le tenoit au lit, le fit venir; & pour éprouver s'il étoit ſûr de ſon remède, demanda un verre, dans lequel il verſa de l'eau, & feignit de mêler du poiſon avec l'antidote de ce prétendu médecin: enſuite il lui commanda de boire lui-même cette mixtion, lui promettant récompenſe. Mais celui-ci craignant d'en mourir, avoua que s'il paſſoit pour être habile dans la médecine, ce n'étoit pas qu'il eût la moindre connoiſſance de cet art; mais qu'il étoit redevable à la ſottiſe du peuple, de la réputation où il étoit. Là-deſſus le roi fit aſſembler les habitans, & leur dit ces paroles: Vous êtes bien imprudens, d'expoſer vos vies comme vous faites, & de mettre vos têtes entre les mains d'un homme

XV. ASINUS ET SENEX.

Pauper dominum, non fortem, mutat.

I^1_N principatu commutando, civium

Nil præter domini nomen mutant pauperes.

Id esse verum parva hæc fabella indicat.

   Asellum in prato timidus pascebat Senex;

Is, hostium clamore subito territus,

Suadebat Asino fugere, ne possent capi.

At ille lentus; Quæso, num binas mihi

Clitellas impositurum victorem putas?

Senex negavit : Ergo quid refert meâ

Cui serviam, clitellas dum portem meas?

à qui perſonne n'a voulu donner ſes pieds à
chauſſer. ¶ On peut dire que cette hiſtoire
regarde ceux qui ſont aſſez fous pour faire
gagner les charlatans.

XV. *L'Ane & le Vieillard.*

Le Pauvre change de maître, ſans changer de
fortune.

QUAND on change de prince dans un Etat,
le ſeul changement qui arrive ordinairement
aux pauvres, c'eſt d'avoir un autre maître.
Cette petite Fable fait voir la vérité de ce
que j'avance. ¶ Un Vieillard fort timide fai-
ſant paître un Ane dans un pré, fut tout
d'un coup épouvanté par le cri des ennemis, & voulut perſuader à l'Ane de s'enfuir,
afin qu'ils ne fuſſent point pris. Mais l'Ane
tranquille, allant toujours ſon même pas,
lui répondit : Dites-moi, je vous prie,
croyez-vous que ſi l'ennemi ſe trouve le plus
fort, il me charge de deux bâts ? Le Vieillard lui dit que non. Que m'importe donc,
ajouta l'Ane, à qui je ſois, puiſque j'ai
toujours le bât ſur le dos, & que je ne puis
jamais en avoir qu'un à porter ?

B 3

XVI. CERVUS ET OVIS.

Fidejussorem infidum cave.

FRAUDATOR nomen cùm locat sponsu improbo,
Non rem expedire, sed mala videre expetit.
Ovem rogabat Cervus modium tritici,
Lupo sponsore. At illa, præmetuens doli:
Rapere atque abire semper adsuevit Lupus,
Tu de conspectu fugere veloci impetu:
Ubi vos requiram, cùm dies advenerit?

XVII. OVIS, CANIS, ET LUPUS.

Calumniatorem sua pœna manet.

SOLENT mendaces luere pœnas malefici.
Calumniator ab Ove cùm peteret Canis,
Quem commodasse panem se contenderet;
Lupus citatus testis, non unum modò
Deberi dixit, verùm affirmavit decem.
Ovis, damnata falso testimonio,
Quod non debebat, solvit. Post paucos dies,

XVI. *Le Cerf & la Brebis.*

Garde-toi d'un mauvais répondant.

LORSQU'UN fourbe qui s'oblige, en offre un autre pour caution, ce n'est pas dans le dessein de s'acquitter, mais de payer à la fin de quelque supercherie. ¶ Le Cerf demandoit à la Brebis un boisseau de blé à emprunter, & lui vouloit donner le Loup pour garant; mais elle, se doutant de la tromperie, lui dit : Le Loup a coutume de prendre tout par force, & de s'en aller : & vous, de la vitesse dont vous vous enfuyez, l'on vous perd aussi-tôt de vue. Où vous irai-je chercher, quand le jour du payement sera venu ?

XVII. *La Brebis, le Chien, & le Loup.*

Une juste peine est réservée aux Calomniateurs.

LES faux témoins sont presque toujours punis de leur imposture. ¶ Un Chien chicaneur & de mauvaise foi, demandant à la Brebis un pain, qu'il soutenoit faussement lui avoir prêté, il prit le Loup pour témoin : le Loup dit que non-seulement elle en devoit un, mais dix. La Brebis, condamnée sur ce faux témoignage, paya ce qu'elle ne devoit point. Mais peu de jours après, ayant

Bidens jacentem in foveâ confpexit Lupum :
Hæc, inquit, merces fraudis ab Superis datur.

XVIII. CANIS PARTURIENS.

Omnem aditum malis præcludito.

HABENT infidias hominis blanditiæ mali,
Quas ut vitemus, verfus fubjecti monent.
Canis parturiens cùm rogaffet alteram
Ut fœtum in ejus tugurio deponeret,
Facilè impetravit ; dein repofcenti locum,
Preces admovit, tempus exorans breve,
Dum firmiores catulos poffet ducere.
Hoc quoque confumpto, flagitare validiùs
Cubile cœpit. Si mihi & turbæ meæ
Par, inquit, effe potueris, cedam loco.

m le Loup étendu mort dans une fosse :
Voilà , dit-elle , la récompense que les dieux
réservent aux fourbes.

XVIII. *La Chienne avec ses petits.*

Ne donne aucune entrée aux méchans.

LES caresses des méchans couvrent toujours
quelque trahison : ce qui suit nous avertit de
ne nous y pas laisser surprendre. ¶ Une
Chienne, sur le point de faire ses petits,
pria une autre Chienne de permettre qu'elle
s'en délivrât dans sa loge : ce qu'elle obtint
sans beaucoup de peine. L'autre lui rede-
mandant sa place : celle-ci la supplia avec
instance de vouloir bien l'y souffrir encore
un peu de temps, jusqu'à ce que ses petits
fussent un peu plus forts pour la suivre. Ce
second terme qu'elle avoit obtenu étant fini,
celle à qui étoit la loge, voulut enfin l'oc-
cuper, & pressa vivement l'autre d'en sortir:
mais elle lui répondit: Si vous pouvez être
aussi forte que moi & toute ma troupe, je
vous quitterai la place.

XIX. CANES FAMELICI.

Stultitia plerumque exitio est.

STULTUM consilium non modò effectu caret,
Sed ad perniciem quoque mortales devocat.
   Corium depressum in fluvio viderunt Canes:
Id ut comesse extractum possent faciliùs,
Aquam cœpere bibere : sed rupti priùs
Periere, quàm, quod petierant, contingerent.

XX. LEO SENIO CONFECTUS.

Miser, vel ignavissimo, cuique ludibrio est.

QUICUMQUE amisit dignitatem pristinam,
Ignavis etiam jocus est in casu gravi.
   Defectus annis, & desertus viribus,
Leo cùm jaceret, spiritum extremum trahens;
Aper fulmineis ad eum venit dentibus,
Et vindicavit ictu veterem injuriam.
Infestis Taurus mox confodit cornibus
Hostile corpus. Asinus, ut vidit ferum
Impunè lædi, calcibus frontem exterit.
At ille exspirans : Fortes indignè tuli

XIX. *Les Chiens affamés.*

L'imprudence eſt ſouvent mortelle.

UNE folle entrepriſe non-ſeulement ne réuſ-ſit pas ; mais même elle conduit les hommes à leur perte. ¶ Des Chiens apperçurent un cuir enfoncé dans une rivière. Pour le mettre à ſec, & le manger enſuite plus à leur aiſe, ils commencèrent à boire l'eau : mais ils crevèrent avant de parvenir à ce qu'ils prétendoient avoir.

XX. *Le Lion abattu par la vieilleſſe.*

Les malheureux ſont mépriſés même des plus lâches.

CELUI qui eſt déchu de ce qu'il étoit, devient dans ſon malheur le jouet de ce qu'il y a de plus lâche & de plus mépriſable. ¶ Un Lion, abattu de vieilleſſe, & qui n'avoit plus de forces, étoit couché par terre prêt à rendre le dernier ſoupir. Un Sanglier avec ſes défenſes menaçantes vint à lui, & par les plaies qu'il lui fit, ſe vengea de l'offenſe qu'il en avoit autrefois reçue. Dans le moment un Taureau, de ſes cornes impitoyables perça le corps de ſon ennemi. L'Ane voyant que l'on pouvoit offenſer impuné-

57 56 65 67 66
Mihi infultare : te, naturæ dedecus,
62 64 63 58 61 59 60
Quòd ferre cogor , certè bis videor mori.

XXI. MUSTELA ET HOMO.

Qui alteri fuam ob caufam commodat , injuri
poftulat id gratiæ apponi fibi.

1 3 4 2 5 9 8
MUftela ab Homine prenfa , cùm inftantem necer
7 6 10 11 12 13
Effugere vellet : Quæfo, inquit, parce mihi ,
14 19 18 17 15 16
Quæ tibi moleftis muribus purgo domum.
21 20 23 22 25 24
Refpondit ille : faceres fi caufâ meâ ,
27 26 28 29 30 31
Gratum effet , & dediffem veniam fupplici ;
32 33 34 35 36 37
Nunc quia laboras ut fruaris reliquiis
38 39 40 42 41 44 43
Quas funt rofuri, fimul & ipfos devores ,
45 46 49 48 47
Noli imputare vanum beneficium mihi.
50 52 51 54 55 53
Atque ita locutus , improbam letho dedit.
69 71 72 70 67 56 68
Hoc in fe dictum debent illi agnofcere
57 59 60 58 61
Quorum privata fervit utilitas fibi,
62 65 66 63 64
Et meritum inane jactant imprudentibus.

mer

ment ce malheureux animal, lui meurtrit la
tête à coups de pied. Alors le Lion expirant
dit ces paroles : J'ai déjà souffert avec assez
d'indignation que les plus courageux m'in-
sultassent ; mais lorsque je suis obligé de
souffrir de toi, qui es l'opprobre de la nature, il me semble que je souffre double-
ment la mort.

XXI. *L'Homme & la Belette.*

Ceux qui n'obligent que pour leur intérêt, ont tort
de prétendre qu'on leur en sache gré.

UNE Belette se voyant prise par un homme, & voulant éviter la mort dont elle étoit
menacée, lui dit : Ne me faites point de mal,
je vous prie, c'est moi qui purge votre maison des rats & des souris qui vous incommodent. L'homme lui répondit : si tu le fai-
sois pour m'obliger, je t'en saurois gré, &
j'accorderois cette grace à ta prière : mais,
comme tu ne prends cette peine, qu'en vue
de jouir seule des restes dont ils vivent, &
de les manger eux-mêmes, ne me fais point
valoir un service imaginaire : & ayant dit ces
paroles, il tua cette bête malfaisante. ¶ Ceux
qui ne travaillent que pour leur utilité parti-
culière, & qui s'en font un vain mérite auprès des personnes simples, doivent ici se
reconnoître.   C

XXII. CANIS FIDELIS.

Suspecta malorum beneficia.

REPENTE liberalis stultis gratus est;
Verùm peritis inritos tendit dolos.
 Nocturnus cùm fur panem misisset Cani,
Objecto, tentans, an cibo posset capi :
Heus ! si, inquit, linguam vis meam præcludere,
Ne latrem pro re domini : multùm falleris.
 Namque ista subita me jubet benignitas
Vigilare, facias ne meâ culpâ lucrum.

XXIII. RANA ET BOS.

Potentes ne tentes æmulari.

INOPS, potentem dum vult imitari, perit.
 In prato quondam Rana conspexit Bovem,
Et, tacta invidiâ tantæ magnitudinis,
Rugosam inflavit pellem : tum gnatos suos
Interrogavit an Bove esset latior.
Illi negârunt. Rursus intendit cutem
Majore nisu; & simili quæsivit modo

XXII. *Le Chien fidèle.*

Les bienfaits des méchans doivent être suspects.

CELUI qui est libéral, contre sa coutume, se concilie aisément les sots ; mais c'est en vain qu'il tend ses pièges à des gens d'esprit. ¶ Un voleur de nuit ayant jetté du pain à un Chien, pour essayer de le corrompre en lui donnant à manger : Oh, dit le Chien, vous voulez me tenir la langue, de peur que je n'abboye pour l'intérêt de mon maître ; mais vous vous trompez fort : car ce mouvement de libéralité qui vous prend, m'oblige encore plus de me tenir sur mes gardes, afin que vous ne gagniez rien ici par ma faute.

XXIII. *La Grenouille & le Bœuf.*

N'essayez point d'imiter les Grands.

LES petits trouvent leur perte à vouloir imiter les Grands. ¶ Une Grenouille attentive à regarder un Bœuf dans un pré, ne pouvoit voir sans envie qu'il fût d'une grosseur si prodigieuse : elle enfla donc sa peau ridée, & demanda à ses petits, si elle n'étoit point plus grosse que le Bœuf. Ils lui répondirent que non. Elle étendit encore sa peau avec plus d'effort, & leur demanda, comme

C 2

Quis major esset ? illi dixerunt , Bovem.

Novissimè indignata , dum vult validiùs

Inflare sese , rupto jacuit corpore.

XXIV. CANIS ET CROCODILUS.

Rete ne tendas Accipitri & Milvio.

CONSILIA qui dant prava cautis hominibus,

Et perdunt operam , & deridentur turpiter.

   Canes currentes bibere in Nilo flumine,

A Crocodilis ne rapiantur , traditum est.

Igitur cùm currens bibere cœpisset Canis ,

Sic Crocodilus : Quamlibet lambe , otio

Pota , atque accede Nilo temerè , de dolo

Noli vereri. At ille , Facerem mehercule ,

Nisi esse scirem carnis te cupidum meæ.

XXV. VULPES ET CICONIA.

Par pari refertur.

NULLI nocendum : si quis verò læserit,

Mulctandum simili jure fabella admonet.

   Vulpes ad cœnam dicitur Ciconiam

auparavant, qui des deux étoit le plus gros; ils dirent que c'étoit le Bœuf. Enfin, outrée de dépit, elle redoubla tellement ses efforts, qu'elle en creva.

XXIV. *Le Chien & le Crocodile.*

On ne doit pas tendre des pièges à de plus fins que toi.

CEUX qui donnent de mauvais conseils aux personnes sensées, perdent leur peine, & s'exposent à la honte d'en être raillés. ¶ On dit que quand les Chiens boivent au bord du Nil, ce n'est qu'en courant, de peur d'être pris par les Crocodiles. Un Chien buvant avec cette précaution, un Crocodile lui dit : Buvez autant & aussi doucement que vous voudrez, approchez-vous hardiment du Nil, n'ayez aucune crainte ; mais le Chien lui répondit : Je le ferois en effet, si je ne savois que tu es friand de ma peau.

XXV. *Le Renard & la Cigogne.*

Ceux qui trompent, sont trompés à leur tour.

IL ne faut faire mal à personne ; & cette fable fait voir que quand on a offensé quelqu'un, on mérite d'être traité de la même manière. ¶ On dit que le Renard ayant le

C 3

16   15   20 22 23   24   26
Prior invitasse, & illi in patenâ liquidam
21   25   27   30 33   34
Posuisse sorbitionem, quam nullo modo
32   29   31   28
Gustare esuriens potuerit Ciconia :
35   38   36   37   43   42
Quæ Vulpem cùm revocasset, intrito cibo
41   40   39   45   45   44
Plenam lagenam posuit : huic rostrum inserens
48   47   49   50   51   52
Satiatur ipsa, & torquet convivam fame :
53   54   57   58   56   55
Quæ cùm lagenæ frustra collum lamberet,
61   63   62   60   59
Peregrinam sic locutam volucrem accepimus :
67   64   68   65   70   69   66
Sua quisque exempla debet æquo animo pati.

XXVI. CANIS ET VULTURIUS.

Avarus suus sibi carnifex est.

1   2   6   4   5   3
Hæc res avaris esse conveniens potest,
7   8   10   9   12   13   11
Et qui, humiles nati, dici locupletes student,
17   15   16   19   14
Humana effodiens ossa, thesaurum Canis
18   20   22   21   24   23
Invenit : & violârat quia Manes deos,
27   28   29   26   25
Injecta est illi divitiarum cupiditas,
32   30   34   33   31
Pœnas ut sanctæ religioni penderet.
35   38   36   37   39   40
Itaque aurum dum custodit, oblitus cibi,
43   42   41   45   47   46   44
Fame est consumptus; quem stans Vulturius super
48   49   50   51   53   52
Fertur locutus : O Canis, meritò jaces,
54   60   61   63   62
Qui concupisti subitò regales opes,

premier invité la Cigogne à souper, lui servit dans un plat un mets fort liquide, dont elle ne put jamais goûter, quoiqu'elle fût fort affamée. La Cigogne, pour se venger, invita le Renard à son tour, & lui servit une bouteille pleine de viande hachée, dans laquelle passant facilement son bec, elle mangea tant qu'il lui plut, à la vue de son convié qui mouroit de faim. Comme il léchoit inutilement le cou de la bouteille, la Cigogne lui dit : Personne ne doit se plaindre qu'on le traite comme il a traité les autres.

XXVI. *Le Chien & le Vautour.*

L'Avare est lui-même son bourreau.

CECI peut s'appliquer aux avares, & à ceux qui, étant nés pauvres, veulent se mettre au rang des riches. ¶ Un Chien déterrant des os de morts, trouva un trésor ; & parce qu'il avoit violé le respect dû aux dieux Mânes, ils lui inspirèrent l'amour des richesses, afin que, par ce supplice, il satisfît à la Religion dont il avoit profané la sainteté. Ainsi ne songeant point à manger, pendant qu'il étoit tout occupé de l'or qu'il gardoit, il mourut insensiblement de faim. On dit qu'alors un Vautour étant sur lui, dit ces paroles : O Chien ! c'est avec justice que tu es ici

C 4

56   55   57 58   59
Trivio conceptus , & educatus ftercore !

XXVII. VULPES ET AQUILA.

Ne magnus tenuem defpicito.

1   2   3   5   4
QUAMVIS fublimes debent humiles metuere ,
7   10   6   8   9
Vindicta docili quia patet folertiæ.
15   14   12   11   13
Vulpinos catulos Aquila quondam fuftulit,
19 16 17 18   22 20 21
Nidoque pofuit pullis , efcam ut carperent.
25   24   23   27   26
Hanc perfecuta mater , orare incipit ,
28 33   31   32   29   30
Ne tantum miferæ luctum importaret fibi.
35   34 37 36 39 38
Contempfit illa , tuta quippe ipfo loco.
40 44 45 41   43   42
Vulpes ab arâ rapuit ardentem facem ,
48 46   50   49   47
Totamque flammis arborem circumdedit ,
53 52   54   51   55
Hofti dolorem damno mifcens fanguinis.
56 62 65   66   63   64
Aquila , ut periclo mortis eriperet fuos ,
61   60   57   59   58
Incolumes gnatos fupplex Vulpi tradidit.

étendu mort, pour avoir aspiré à des richesses qui ne conviennent qn'aux rois, toi qui
a pris naissance dans un carrefour, & qui,
toute ta vie, ne t'es nourri que d'ordures.

XXVII. *Le Renard & l'Aigle.*

Quelque grand que tu sois, ne méprise point ceux
qui sont au-dessous de toi.

DANS quelque rang qu'on soit élevé, l'on
doit toujours craindre ceux qui sont au-dessous de soi; parce que ceux qui ont de l'esprit & de l'adresse, trouvent aisément les
moyens de se venger. ¶ Un jour un Aigle
enleva les petits d'un Renard, & les alla
porter dans son aire à ses aiglons, pour
leur servir de nourriture. La mère des petits
Renards courant après l'Aigle, la pria avec
instance d'épargner à une infortunée comme
elle, une si sensible douleur; mais l'Aigle
se croyant en sûreté par la hauteur du lieu
qu'elle occupoit, méprisa sa prière. Le Renard prit donc sur un autel un tison ardent,
& mit le feu à l'arbre ou l'aigle avoit ses
petits; ne considérant point qu'elle alloit
perdre les uns & les autres, pourvu qu'elle
se vengeât de son ennemie. L'aigle, pour
sauver les siens de la mort qui les menaçoit,
fut trop heureuse de rendre au Renard ses
petits, sans leur avoir fait aucun mal.

XXVIII. ASINUS ET APER.

Est cui magno constitit dicterium.

PLERUMQUE stulti risum dum captant levem,
Gravi destringunt alios contumeliâ,
Et sibi nocivum concitant periculum.
  Asellus Apro cùm fuisset obvius :
Salve, inquit, frater. Ille indignans repudiat
Officium, & quærit cur sic mentiri velit.
Asinus demisso pede : Similem si negas
Tibi me esse, certè simile est hoc rostro tuo.
Aper, cùm vellet facere generosum impetum,
Repressit iram ; & : Facilis vindicta est mihi ;
Sed inquinari nolo ignavo sanguine.

XXIX. RANÆ ET TAURI.

Mala publica in plebem recidunt.

HUMILES laborant ubi potentes dissident.
  Rana in palude pugnam Taurorum intuens,
Heu ! quanta nobis instat pernicies ! ait.

XXVIII. *L'Ane & le Sanglier.*

Un mot de raillerie coûte souvent cher.

SOUVENT les fots, en voulant plaifanter, piquent vivement les autres par des paroles offenfantes, & fe font de mauvaifes affaires. ¶L'Ane ayant rencontré le Sanglier, lui dit, bonjour, mon frère. Celui-ci rejetta avec indignation cette civilité, & lui demanda quel plaifir il prenoit à mentir fi impudemment. Alors l'Ane lui montrant le pied, répartit : Si vous ne convenez pas que je vous fois tout-à-fait femblable, affurément ceci ne reffemble pas mal à votre mufeau. Le Sanglier, pour lui faire fentir fon courage, vouloit fe jetter fur lui ; il retint néanmoins fa colère, & fe contenta de lui dire : Il me feroit très-aifé de me venger ; mais je ne veux pas me fouiller du fang d'un animal auffi lâche & auffi méprifable que toi.

XXIX. *La Grenouille & les Taureaux.*

Les maux publics retombent fur le peuple.

LORSQU'IL y a de la divifion entre les grands, les petits en fouffrent toujours. ¶ Une Grenouille voyant de fon marais, un combat de taureaux, s'écria : Hélas ! quel

18   19   20   21   23   22
Interrogata ab aliâ cur hoc diceret,
26   27   24   25   28
De principatu cùm decertarent gregis,
33   29   34   35   31   32   30
Longèque ab illis degerent vitam boves:
37   36   38   39   41   40
Est statio separata, ac diversum genus ;
42   44   45   46   43   47
Sed pulsus regno nemoris qui profugerit
52   49   51   48   50
Paludis in secreta veniet latibula,
53   55   54   57   56
Et proculcatas obteret duro pede.
58   64   62   63   59   60   61
Ita caput ad nostrum furor illorum pertinet.

XXX. MILVUS ET COLUMBÆ.

Cui fidas vide.

1   3   2   5   4   6
Qui se committit homini tutandum improbo,
11   9   10   8   7
Auxilia dum requirit, exitium invenit.
12   15   13   14   16
Columbæ sæpè cùm fugissent Miluum,
17   20   21   18   19
Et celeritate pennæ evitassent necem ;
24   22   23   25   26
Consilium raptor vertit ad fallaciam,
27   29   30   31   28   32
Et genus inerme tâli decepit dolo:
33   36   37   35   34
Quare sollicitum potiùs ævum ducitis,
38   41   40   39   43   42
Quam regem me creatis icto fœdere,
44   46   48   49   47   45   50
Qui vos ab omni tutas præstem injuriâ ?

malheur nous menace. Une autre lui demandant pourquoi elle difoit cela, puifqu'ils fe
battoient entre eux à qui feroit le premier
du troupeau, & que les Bœufs vivoient
loin d'elles ; elle lui répondit : Je conviens
que c'eft un peuple féparé de nous, & qui
eft d'une efpèce toute différente : mais celui
qui fera une fois déchu de l'empire des bois,
viendra de dépit fe confiner dans les recoins
les plus écartés de ce marais ; & nous fou-
lant aux pieds, il nous écrafera. Ainfi leur
fureur nous regarde, & menace notre vie.

XXX. *Le Milan & les Pigeons.*

Prends garde à qui tu te fies.

CELUI qui fe met fous la protection d'un
méchant homme, trouve fa perte, au lieu
du fecours qu'il cherche. ¶ Les Pigeons
avoient échappé plufieurs fois au Milan, &
par leur vol rapide, avoient évité la mort ;
lorfque cet oifeau accoutumé à la proie,
renonçant à la force ouverte, prit le parti
de la rufe pour les avoir, & ufa de cet artifice, pour tromper cette petite troupe foi-
ble & fans défenfe : Pourquoi mener entre
vous, dit-il, une vie toujours agitée de
craintes & d'alarmes, plutôt que de faire

51　　12　　　53　　54　　55
Illæ credentes, tradunt sese Miluo ;
56　　　58　　　57　　　59　　　60　　　61
Qui, regnum adeptus, cœpit vesci singulas,
62　　63　　　64　　　66　　　65
Et exercere imperium sævis unguibus.
67　69　　70　　68　　　72　　　71
Tunc de reliquis una : Meritò plectimur.

avec moi un bon traité, par lequel me re-
connoiſſant pour votre roi, je vous garan-
tirai de toute injure ? Ils ſe laiſſèrent perſuader à ce diſcours, & ſe mirent ſous la
conduite du Milan : mais dès qu'il ſe vit
leur roi, il les mangea les uns après les
autres, & leur fit ſentir ſon empire par la
cruauté de ſes ſerres. Alors un de ceux qui
reſtoient, dit : Nous méritons bien ce que
nous ſouffrons.

PHÆDRI FABULARUM

LIBER SECUNDUS.

PROLOGUS.

AUCTOR.

EXEMPLIS continetur Æsopi genus,
Nec aliud quidquam per fabellas quæritur,
Quàm corrigatur error ut mortalium,
Acuatque sese diligens industria.
Quicumque fuerit ergo narrantis jocus,
Dum capiat aurem, & servet propositum suum,
Re commendatur, non auctoris nomine.
Equidem omni curâ morem servabo senis:
Sed si libuerit aliquid interponere,
Dictorum sensus ut delectet varietas,
Bonas in partes, Lector, accipias velim,
Ita sic rependet illi brevitas gratiam;
Cujus verbosa ne sit commendatio,

FABLES DE PHEDRE,
LIVRE SECOND.

PROLOGUE.

L'AUTEUR.

Ésope a voulu retenir dans le devoir l'efpèce des mortels, par les exemples qu'il
leur a propofés ; & l'on ne donne aufli ces
fables que dans la vue de corriger les hommes de leurs défauts, & de faire qu'avec le
foin qu'ils auront de veiller fur leur conduite, ils fe perfectionnent de plus en plus.
C'eft pourquoi quelque récit que l'on trouve
occafion d'y faire entrer, pourvu qu'il plaife, & qu'il tende à la fin que l'on fe propofe, on doit l'eftimer par les chofes qu'il
renferme, & ne pas s'arrêter au nom de
l'Auteur. Je m'accommoderai, autant qu'il
me fera poffible, à la manière du bon Éfope:
mais fi je trouve à propos de mêler dans
cet ouvrage quelque difcours qui le diverfi-
fie, & qui réveille l'attention, je vous fupplie, Lecteur, de trouver bon que je le

FABULA I.

LEO, PRÆDATOR, ET VIATOR.

Sunt etiam sua præmia laudi.

ATTENDE cur negare cupidis debeas,
Modestis etiam offerre quod non petierint.
Super juvencum stabat dejectum Leo :
Prædator intervenit, partem postulans :
Darem, inquit, nisi soleres per te sumere.
Et improbum rejecit. Forte innoxius
Viator est deductus in eumdem locum,
Feroque viso retulit retro pedem.
Cui placidus ille, Non est quod timeas, ait;
Et quæ debetur pars tuæ modestiæ
Audacter tolle. Tunc, diviso tergore,
Silvas petivit, homini ut accessum daret.
Exemplum egregium prorsus & laudabile :
Verum est aviditas dives, & pauper pudor.

. Je vous promets, en revanche, que
rai très-court ; mais ne rendons pas cet
tissement plus long.

FABLE I.

Le Lion , le Voleur , & le Voyageur.

La vertu trouve sa récompense.

FLÉCHISSEZ sur les raisons que nous
ons avoir d'écarter les gens importuns
ntéressés , en leur refusant ce qu'ils nous
andent , & de prévenir , au contraire ,
qui sont modérés & retenus , en leur
nant ce qu'ils ne nous demandent pas. ¶
Lion tenoit sous ses griffes un jeune
f qu'il avoit terrassé. Un Voleur survint
lui en demanda sa part : Je t'en donne-
, lui dit le Lion , si tu n'avois coutume
prendre toi-même ; & il renvoya ainsi
origand. Un homme de bien , qui faisoit
age , se rencontra au même endroit ;
nt apperçu le Lion , il recula en arrière ;
s le Lion lui dit avec douceur : Il n'y a
à craindre ici pour vous ; approchez &
ez hardiment la part qui est due à votre
lération. Ensuite ayant partagé la proie ,
retira dans les bois , pour laisser à cet
me la liberté d'approcher. Ceci peut
ir d'un bel exemple , & qui mérite d'être

II. REPENTE CALVUS.

Similis simili gaudet.

A⁷ FEMINIS⁸ utcumque⁶ spoliari⁵ viros⁴ ,
Ament⁹ , amentur¹⁰ , nempe¹ exemplis³ discimus²⁄
Ætatis¹⁹ mediæ²⁰ quemdam¹⁸ mulier¹¹ non¹² rudis¹³
Tenebat¹⁷ , annos¹⁵ celans¹⁴ elegantiâ¹⁶ :
Animosque²⁵ ejusdem²¹ pulchra²⁶ juvenis²³ ceperat²² ²⁴
Ambæ²⁸ , videri³⁰ dum²⁷ volunt²⁹ illi³² pares³¹ ,
Capillos³⁵ Homini³⁶ legere³⁴ cœpere³³ invicem³⁷ :
Cùm³⁸ se⁴⁰ putaret³⁹ fingi⁴¹ curâ⁴² mulierum⁴³ ,
Calvus⁴⁷ repentè⁴⁶ factus⁴⁴ est⁴⁵ ; nam⁴⁸ funditùs⁵²
Canos⁵¹ Puella⁴⁹ , nigros⁵⁴ Anus⁵³ , evellerat⁵⁰ .

loué ; cependant nous voyons tous les jours que les gens avides vivent dans l'abondance, pendant que les personnes modérées font dans la pauvreté.

II. *L'Homme devenu chauve.*

Nous aimons ceux qui nous reſſemblent.

Nous ne manquons pas d'exemples qui nous apprennent que, de quelque manière que ce ſoit, les hommes ſont toujours la dupe des femmes, ſoit qu'ils les aiment, ou qu'ils en ſoient aimés. ¶ Un homme de moyen âge aimoit une femme plus âgée que lui ; mais qui ne manquoit pas d'agrémens, & qui, par le ſoin qu'elle prenoit de ſon extérieur, tâchoit de réparer ce que les années lui avoient fait perdre. Il avoit pris auſſi de l'affection pour une autre perſonne jeune & belle. Elles voulurent lui faire croire toutes deux qu'elles lui convenoient, & commencèrent à lui arracher tour à tour des cheveux de la tête. Comme il s'imaginoit que ces femmes ne ſongeoient qu'à lui arranger les cheveux, il ſe trouva chauve en très-peu de temps ; car la plus jeune lui avoit tiré tous les cheveux blancs, & la plus âgée avoit arraché tous les noirs.

III. HOMO ET CANIS.

Impunitas, peccandi illecebra.

LACERATUS quidam morfu vehementis Canis,
Tinctum cruore panem mifit malefico,
Audierat effe quod remedium vulneris.
Tunc fic Æfopus : Noli coram pluribus
Hoc facere Canibus, ne nos vivos devorent,
Cùm fcierint effe tale culpæ præmium.
 Succeffus improborum plures allicit.

IV. AQUILA, FELIS, ET APER.

Vir dolofus feges eft mali.

AQUILA in fublimi quercu nidum fecerat :
Felis cavernam nacta in mediâ pepererat :
Sus nemoris cultrix fœtum ad imam pofuerat
Tum fortuitam Felis contubernium
Fraude & fcelefrâ fic evertit malitiâ.
Ad nidum fcandit volucris : Pernicies, ait,
Tibi paratur, forfan & miferæ mihi.
Nam fodere terram quòd vides quotidie

III. *L'Homme mordu par un Chien.*

L'impunité eft un attrait pour mal faire.

Un homme, après avoir été mordu par un chien furieux, lui jetta un morceau de pain trempé dans fon fang; parce qu'il avoit entendu dire que c'étoit un remède pour cette forte de bleffure. Éfope l'ayant vu, lui dit: Gardez-vous de faire cela devant plufieurs chiens, de peur qu'ils ne nous dévorent tout en vie, quand ils fauront que leurs fautes font récompenfées de cette manière. ¶ Le fuccès qu'ont les méchans, engage bien des gens à faire comme eux.

IV. *L'Aigle, la Chatte, & la Laye.*

Un fourbe caufe de grands maux.

Une Aigle avoit fait fon aire au haut d'un chêne; une Chatte ayant trouvé un trou au milieu, y avoit fait fes petits; & une Laye avoit mis les fiens au pied du même arbre; mais la Chatte, par fes rufes, & par une méchanceté criminelle, détruifit cette petite fociété que le hafard avoit formée. Elle monta au nid de l'Aigle, & lui dit: On médite votre perte & peut-être auffi la mienne; car la Laye eft une traîtreffe qui ne fouille la terre

45　　　46　　　　52　　　50　　　51
Aprum infidiofum, quercum vult evertere ;

13　56　　58　59　　55　　　57　　　54
Ut noftram in plano facilè progeniem opprimat.

60　　61　　62　　64　　63
Terrore effufo & perturbatis fenfibus,

65　66　67　　69　　68
Derepit ad cubile fetofæ Suis ;

75　　72　　74　　76　　73　　71　70
Magno, inquit, in periclo funt gnati tui.

77　　78　　79　　80　　81　　83　　82
Nam fimul exieris paitum cum tenero grege,

84　85　86　　87　　88　　89
Aquila eit parata rapere porcellos tibi.

93　　92　　95　　　90　　　91　　　94
Hunc quoque timore poftquam complevit locum ;

96　1　　97　98　99
Dolofa tuto condidit fefe cavo:

2　3　　4　　6　　5
Inde evagata noctu, fufpenfo pede,

7　10　9　　8　　11　13　12
Ubi efcâ fe replevit & prolem fuam,

15　14　16　17　18
Pavorem fimulans profpicit toto die.

21　20　19　23　22
Ruinam metuens Aquila ramis defidet :

24　26　25　27　28　29
Aper rapinam vitans non prodit foras.

30　31　34　33　32　35　36
Quid multa ? inediâ funt confumpti cum fuis,

42　37　41　40　38　39
Felifque catulis largam præbuerunt dapem.

48　50　51　53　52　49
Quantùm homo bilinguis fæpe concinnet mali,

47　46　44　43　45
Documentum habere ftulta credulitas poteft.

comme

comme vous voyez qu'elle fait tous les jours,
qu'à deſſein de faire tomber le chêne, afin
de ſe jetter ſur nos petits, auſſi-tôt qu'ils
ſeront à terre. Ayant donné cette frayeur à
l'Aigle, & l'ayant miſe en déſordre, elle
deſcendit au trou où étoit la Laye, & lui
parla de cette ſorte. Vos petits ſont en grand
danger ; car, pour vous les enlever, l'Aigle
attend le moment que vous irez repaître avec
cette petite troupe. Quand elle eut encore
mis l'épouvante en cet endroit, cette artifi-
cieuſe bête ſe renferma dans ſon trou, ſachant bien qu'elle y étoit en ſûreté ; d'où
s'échappant dans la nuit, ſans faire de bruit,
elle fut repaître avec ſes petits. Affectant enſuite la crainte, elle ſe tint en ſentinelle tout
le jour. L'Aigle, craignant la chûte de l'arbre, demeura conſtamment ſur une branche.
La Laye, pour empêcher que l'on n'enlevât
ſa famille, ne ſortit point de ſon trou. En un
mot, ils moururent de faim l'une & l'autre
avec leurs petits ; & laiſſèrent à ceux de la
Chatte de quoi manger pour long-temps. ¶
Les gens ſottement crédules peuvent apprendre par cette fable combien de maux cauſe
ſouvent un homme double & trompeur.

D

V. CÆSAR AD ATRIENSEM.

Ne quid nimis.

Est ardelionum quædam Romæ natio,

Trepidè concursans, occupata in otio,

Gratis anhelans, multa agendo nihil agens,

Sibi molesta, & aliis odiosissima.

Hanc emendare, si tamen possum, volo,

Verâ fabellâ : pretium est operæ attendere.

Cæsar Tiberius cùm, petens Neapolim,

In Misenensem villam venisset suam,

Quæ, monte summo posita Luculli manu,

Prospectat Siculum, & prospicit Tuscum mare,

Ex alticinctis unus atriensibus,

Cui tunica ab humeris linteo Pelusio

Erat destricta, cirris dependentibus,

Perambulante læta domino viridia,

Alveolo cœpit ligneo conspergere

Humum æstuantem, jactans officium comes

Sed deridetur. Inde notis flexibus

Præcurrit alium in xystum, sedans pulverem.

Agnoscit hominem Cæsar, remque intelligit.

V. *Tibère à un de ses Esclaves.*

Il ne faut rien outrer.

Il y a à Rome une espèce de gens empressés, qui sont toujours en mouvement, sans savoir pourquoi; qui, sans avoir à faire, sont toujours fort occupés, qui se mettent hors d'haleine sans raison, qui faisant beaucoup, ne font rien, se tourmentent eux-mêmes, & incommodent fort les autres. Je voudrois bien (si je pouvois y réussir) les corriger par cette histoire, qui est véritable; elle mérite que l'on y fasse attention. ¶ L'Empereur Tibère, allant à Naples, vint en sa maison de Misène, qui a été bâtie par Lucullus sur le haut de la montagne, d'où l'on découvre la mer de Sicile & celle de Toscane. Comme ce prince s'y promenoit dans de fort beaux jardins, un de ses esclaves, fort propre, du nombre de ces gens qui font les officieux, & qui avoit sa robe retroussée jusqu'à la ceinture avec une écharpe de toile d'Égypte, dont les franges tomboient négligemment, se mit avec un petit arrosoir de bois, à répandre de l'eau dans les allées qui étoient fort poudreuses, & s'en faisoit un mérite; mais il se fit moquer de lui. Ensuite par certains détours qu'il con-

3　1　2　　4　　5　　6　　7
Id ut putavit esse nescio quid boni ,

10　　9　　8　　12　　11　　13
Heus ! inquit dominus ; ille enimverò adfilit ,

15　　17　16　　14
Donationis , alapæ certé , gaudio.

18　24　22　23　21　　19　　20
Tum sic jocata est tanti majestas ducis :

25　27　26　28　29　　31　　30
Non multùm egisti , & opera nequidquam periit ;

35　36　32　34　33
Multò majoris alapæ mecum veneunt.

VI. AQUILA , CORNIX , ET TESTUDO.

Potentiam malitiâ adjutam quis effugiat ?

5　　6　　1　2　　4　　3
CONTRA potentes nemo est munitus satis ;

8　7　11　　9　　10
Si verò accessit consiliator maleficus ,

13　14　15　　12　　16　　17
Vis & nequitia quidquid oppugnant , ruit.

18　21　22　19　　20
Aquila in sublime sustulit Testudinem :

23　24　25　28　26　27
Quæ cùm abdidisset corneâ corpus domo,

29　31　34　35　33　32　30
Nec ullo pacto lædi posset condita ,

37　38　39　36　40　42　41
Venit per auras Cornix ; & propter volans :

47　43　46　44　45
Opimam sanè prædam rapuisti unguibus,

48　54　55　57　58　59　56
Sed , nisi monstrâro quid sit faciendum tibi ,

53　51　50　49　52
Gravi nequidquam te lassabis pondere.

noiſſoit, il courut dans une autre allée abattre la pouſſière. Céſar ayant remarqué le perſonnage, comprit ce qu'il vouloit. Celui-ci ne douta plus de ſon bonheur. Viens ici, dit l'Empereur; lui, plein de joie, accourt avec précipitation, dans l'eſpoir d'une récompenſe, ne doutant même pas d'être affranchi. Alors ce grand prince lui dit d'un air railleur: Ce que tu viens de faire eſt fort peu de choſe; & tu pouvois t'épargner une peine inutile; les ſouflets de ma part ſont bien d'un autre prix.

VI. *L'Aigle, la Corneille, & la Tortue.*

Qui ſe ſauvera de la puiſſance jointe à la méchanceté ?

Nous n'avons jamais aſſez de quoi nous défendre contre de plus puiſſans que nous; mais ſi quelqu'un ſe joint à eux pour leur donner de mauvais conſeils, notre perte eſt aſſurée; car il n'y a rien qui ne ſuccombe ſous la force jointe à la méchanceté. ¶ Un Aigle enleva dans l'air une Tortue, qui s'étoit renfermée dans ſon écaille, de manière qu'il étoit impoſſible de lui faire aucun mal; une Corneille vint à travers les airs voler autour de l'Aigle, & lui dit: Vous avez ſans doute enlevé entre vos ſerres une excellente

61 60 62 63 68 67
Promissâ parte, suadet, ut scopulum super
71 69 70 66 64 65
Altis ab astris duram inlidat corticem,
72 73 75 74 76
Quâ comminutâ facilè vescatur cibo.
78 79 80 77 82 81
Inducta his verbis Aquila monitis paruit;
84 83 87 88 85 86
Simul & magistræ largè divisit dapem.
89 92 90 94 91 93
Sic tuta quæ naturæ fuerat munere,
95 95 97 99 98
Impar duabus, occidit tristi nece.

VII. MULI ET LATRONES.

Plura timenda divitibus.

2 3 4 5 1
Muli gravati sarcinis ibant duo;
6 7 8 9 10
Unus ferebat fiscos cum pecuniâ,
11 13 14 12 15
Alter tumentes multo saccos hordeo.
16 18 17 21 20 19
Ille, onere dives, celsâ cervice eminens;
25 22 26 23 24
Clarumque collo jactans tintinnabulum:
27 30 28 31 32 29
Comes quieto sequitur & placido gradu.
33 34 36 37 35
Subitò Latrones ex insidiis advolant,
39 38 40 43 42 41
Intergue cædem ferro Mulum tuditant.

proie; mais si je ne vous apprends ce que vous en devez faire, vous vous lasserez inutilement à porter ce pesant fardeau. L'Aigle ayant promis de lui en faire part, celle-ci lui conseille de laisser tomber de fort haut sur une roche cette dure coquille, afin qu'étant brisée il puisse facilement manger la chair qu'elle renferme. L'Aigle, persuadé par de si bonnes raisons, suit ce conseil, & donne ensuite une bonne partie de sa proie à la Corneille, qui lui avoit si habilement fourni les moyens d'en profiter. Ainsi celle que la nature avoit mise à couvert des atteintes de l'un, ne pouvant tenir contre les deux ensemble, périt malheureusement.

VII. *Les Mulets & les Voleurs.*

Les plus riches ont le plus à craindre.

DEUX Mulets ayant chacun leur charge, alloient ensemble par le même chemin; l'un portoit de l'argent dans des paniers, & l'autre des sacs remplis d'orge. Le premier, fier de son riche fardeau, portoit la tête haute, & faisoit retentir la sonnette bruyante qu'il avoit au cou : l'autre le suivoit d'un pas tranquille & réglé. Lorsque des Voleurs sortant d'une embuscade, viennent tout-à-coup fondre sur eux; & parmi le meurtre & le

44 45 46 48 47
Diripiunt nummos , negligunt vile hordeum.
49 50 54 51 52 53
Spoliatus igitur cafus cùm fleret fuos ,
57 56 55 59 60 58
Equidem , inquit alter , me contemptum gaudeo;
61 63 62 64 66 65 67
Nam nihil amifi , nec fum lætus vulnere.
68 69 73 72 71 70
Hoc argumento , tuta eft hominum tenuitas ,
74 78 76 75 77
Magnæ periclo funt opes obnoxiæ.

VIII. CERVUS ET BOVES.

Plus videas tuis oculis quàm alienis.

1 4 2 3
CERVUS nemorofis excitatus latibulis ,
5 9 6 8 7
Ut venatorum fugeret inftantem necem ,
11 10 14 13 12
Cæco timore proximam villam petit ,
15 19 17 18 16
Et opportuno fe bubili condidit.
22 20 21 23 24 25
Hîc Bos latenti : Quidnam voluifti tibi ,
26 29 27 30 31 28
Infelix , ultro qui ad necem cucurreris ,
36 32 35 34 33
Hominumque tecto fpiritum commiferis ?
37 38 39 40 42 43 41
At ille fupplex : Vos modò , inquit , parcite .
46 45 44 47
Occafione rurfus erumpam datâ.
51 52 49 50 48
Spatium diei noctis excipiunt vices.
55 53 54 56 58 57 59
Frondem bubulcus adfert , nec ideo videt.
62 63 64 65 60 61
Eunt fubinde , & redeunt omnes ruftici ;

carnage, percent à coups d'épée ce premier
mulet, pillent l'argent, & laiffent l'orge
comme de nulle valeur. Celui donc qui avoit
été volé, déplorant fon malheur : en vérité,
dit l'autre, je fuis bien content du mépris
que l'on a fait de moi ; car je n'ai rien perdu,
& n'ai reçu aucune bleffure. ¶ On voit par
cette fable, que la médiocrité des hommes
les met en fûreté ; & que les grandes richef-
fes les expofent à de grands périls.

VIII. *Le Cerf & les Bœufs.*

Nos yeux nous fervent mieux que ceux des autres.

Un Cerf, lancé par des chaffeurs, hors des
bois qui lui fervoient de retraite, pour éviter la mort dont il étoit menacé, & pouffé
par une crainte aveugle, s'enfuit dans une
ferme voifine, & fe jetta dans une étable à
bœufs, qu'il crut un fûr afyle. Un bœuf l'y
voyant caché, lui dit : Qu'as-tu fait, malheureux, d'être ici venu chercher la mort,
& livrer ta vie aux hommes dans leur propre maifon ? Mais le Cerf leur dit d'un air
fuppliant : Je vous prie pour le moment de
me fauver la vie ; je m'échapperai à la première occafion. La nuit fuccède au jour ; le
bouvier apporte des feuillages, & ne voit
point le Cerf ; tous les valets vont & vien-

66   67   69   70   68
Nemo animadvertit : tranfit etiam villicus ,

71 73 72   75   74   76   78   77
Nec ille quidquam fentit. Tum gaudens ferus

82   83   80   79   81
Bobus quietis agere cœpit gratias ,

86   88   84   85   87
Hofpitium adverfo quòd præftiterint tempore.

90   89   94   93   92   91
Refpondit unas : Salvum te cupimus quidem ;

95 97   98   2   1   99   96   3
Sed ille , qui oculos centum habet , fi venerit .

8   7   9   5   6   4
Magno in periclo vita vertetur tua.

11   10   13   12   15   16   14
Hæc inter , ipfe dominus a cœnâ redit :

17 18   22   19   20   21
Et quia corruptos viderat nuper Boves ,

23   24   25   26   28   27   29
Accedit ad præfepe : Cur frondis parum eft ?

30   31   32   33   34
Stramenta defunt. Tollere hæc aranea

35   37   36   38   39   40
Quanti eft laboris ? Dum fcrutatur fingula ,

46   43   45   42   41   44
Cervi quoque alta eft confpicatus cornua.

47   51   48   49   50
Quem convocatâ jubet occidi familiâ,

54   52   53   55   57   56
Prædamque tollit. Hæc fignificat fabula ;

58   59   60   61   63   62
Dominum videre plurimum in rebus fuis.

ent enfuite les uns après les autres, per-
onne ne l'apperçoit. Le Fermier lui-même
affe & ne remarque rien. Alors le Cerf plein
le joie, commence à remercier les Bœufs de
eur difcrétion, & de ce qu'ils avoient exercé
nvers lui l'hofpitalité dans fon malheur.
Un d'entre eux lui répond : Pour nous, nous
ouhaitons bien qu'il ne vous arrive aucun
nal ; mais fi celui qui a cent yeux vient ici,
votre vie eft en grand danger. Là-deffus, le
Maître revient de fouper, & comme il avoit
remarqué que fes Bœufs étoient depuis quelque temps en mauvais état, il entre dans
l'étable : Pourquoi, dit-il, n'y a-t-il pas ici
plus de feuillages ? il manque auffi de la li-
tière : eft-ce une chofe fi difficile que d'ôter
ces araignées ? Furetant ainfi de tous côtés,
l apperçoit le grand bois du Cerf ; & ap-
pelant tous fes vaiets, il fait tuer ce mal-
eureux animal, & l'emporte comme fa
proie. ¶ Cette fable nous fait entendre, que
e Maître, dans fes affaires, eft toujours le
plus clair-voyant.

EPILOGUS.

AUCTOR.

Invidia virtutum comes.

Æsopi ingenio statuam posuere Attici;
Servumque collocârunt æternâ in basi,
Patere honoris scirent ut cuncti viam,
Nec generi tribui, sed virtuti, gloriam.
Quoniam occupârat alter, ne primus forem,
Ne solus esset studui, quod superfuit.
Neque hæc invidia, verùm est æmulatio.
Quòd si labori faverit Latium meo,
Plures habebit, quos opponat Græciæ?
Si livor obtrectare curam voluerit,
Non tamen eripiet laudis conscientiam.
Si nostrum studium ad aures pervenit tuas,
Et arte fictas animus sentit fabulas;
Omnem querelam submovet felicitas.
Sin autem doctus illis occurrit labor,
Sinistra quos in lucem natura extulit,
Nec quidquam possunt, nisi meliores carpere;
Fatale exitium corde durato feram,

ÉPILOGUE.

L'AUTEUR.

L'envie eft inféparable de la vertu.

Les Athéniens élevèrent autrefois à Éfope, une grande ftatue, & érigèrent à cet efclave un monument éternel, afin que tout le monde fût que la carrière de l'honneur eft ouverte toutes fortes de perfonnes, & que ce n'eft point à la naiffance, mais au mérite, que la gloire eft due. Un autre a donc paffé avant moi par la route que je tiens, & m'a empêché d'être le premier; mais j'ai tâché qu'il ne fût pas le feul; c'eft tout ce que je pouvois faire, & je n'ai point agi par une baffe jaloufie, mais par une louable émulation. Si le pays latin favorife mon travail, il aura un plus grand nombre d'écrivains à oppofer à ceux de la Grèce. Mais fi l'envie vient mordre fur un ouvrage que j'ai travaillé avec tant de foin, elle ne m'ôtera pas néanmoins le plaifir fecret que je reffens de mériter quelque louange. Si le fruit de mes études parvient jufqu'à vous, & que votre efprit fe plaife à pénétrer dans l'art avec lequel j'ai pris foin d'écrire ces fables, ce fera pour moi un bonheur qui m'ôtera tout fujet

E

Donec fortunam criminis pudeat sui.

de me plaindre. Si au contraire cet ouvrage,
qui ne manque pas d'érudition, tombe entre les mains de ces gens que la nature a
produits avec un esprit de travers, & qui
n'ont d'autre talent que de critiquer ceux
qui valent mieux qu'eux; je souffrirai avec
une constance inébranlable, un mal que l'on
ne peut éviter; jusqu'à ce que la fortune
elle-même ait honte de son injustice.

PHÆDRI FABULARUM
LIBER TERTIUS.

PROLOGUS.

PHÆDRUS AD EUTYCHUM.

PHÆDRI libellos legere si desideras,
Vaces oportet, Eutyche, a negotiis,
Ut liber animus sentiat vim carminis.
Verùm, inquis, tanti non est ingenium tuum,
Momentum ut horæ pereat officii mei.
Non ergo causa est manibus id tangi tuis,
Quod occupatis auribus non convenit.
Fortasse dices: Aliquæ venient feriæ,
Quæ me soluto pectore ad studium vocent.
Legesne, quæso, potiùs viles nænias,
Impendas curam quàm rei domesticæ,
Reddas amicis tempora, uxori vaces,
Animum relaxes, otium des corpori,
Ut adsuetam fortiùs præstes vicem?
Mutandum tibi propositum est & vitæ genus,

FABLES DE PHEDRE,
LIVRE TROISIÈME.

PROLOGUE.

PHÈDRE A EUTICHE.

Mon cher Eutyche, si vous voulez vous appliquer à la lecture des livres de Phèdre, il faut que vous ayez l'esprit dégagé de vos affaires, afin que n'ayant rien qui l'attache, il puisse sentir la force & la beauté de la poésie; mais vous me direz que mon esprit ne produit rien de si considérable, qu'il faille y donner un seul des momens du temps que votre emploi vous demande. Il est donc inutile de mettre entre vos mains des ouvrages qui ne conviennent point à des personnes, dont la tête est sans cesse remplie d'affaires. Peut-être, me répondrez-vous, il viendra quelques fêtes, qui, me laissant l'esprit libre, pourront m'inviter à l'étude. Mais dites-moi, je vous prie, vous amuserez-vous à lire ces bagatelles, plutôt qu'à penser aux affaires de votre maison, à rendre visite à vos amis, à vous entretenir avec votre fem-

83   81   85   84   82
Intrare fi mufarum limen cogitas.

93   94   99   95   96   97   98
Ego, quem Pierio mater enixa eft jugo,

1   2   11   4   3   10
In quo tonanti fancta Mnemofyne Jovi,

5   6   8   9   7   8
Fecunda novies, artium peperit chorum;

12   16   18   15   14   13   17
Quamvis in ipfâ penè fim natus fcholâ,

23   19   24   22   21   20
Curamque habendi penitùs corde eraferim,

25   30   31   28   27   29   26
Et laude multâ vitam in hanc incubuerim;

34   32   35   36   33
Faftidiofè tamen in cœtum recipior.

37   38   40   39   41   49   50
Quid credis illi accidere qui magnas opes

48   47   51   52
Exaggerare quærit omni vigiliâ,

46   45   44   42   43
Docto labori dulce præponens lucrum?

53   56   54   55   57   59   58
Sed jam, quodcumque fuerit (ut dixit Sinon

63   64   60   65   61   62
Ad regem cùm Dardaniæ perductus foret),

68   66   67   70   69
Librum exarabo tertium Æfopi ftylo,

73   74   76   71   72   75
Honori & meritis dedicans illum tuis.

78   77   79   80   82   81   83
Quem fi leges, lætabor; fin autem minùs,

86   84   87 89   88   85
Habebunt certè quo fe oblectent pofteri.

90   95   93 97   96   94
Nunc fabularum cur fit inventum genus

92   91   99   1
Brevi docebo. Servitus obnoxia,

98   5   6   2   3   4
Quia quæ volebat non audebat dicere,

8   9   10   11   7
Affectus proprios in fabellas tranftulit,

14   12   16   13   15
Calumniamque fictis elufit jocis.

me, à donner du relâche à votre esprit, &
du repos à votre corps ; afin de reprendre
avec plus de vigueur vos fonctions ordinaires? Il faut que vous changiez d'objets &
de genre de vie, si vous avez dessein d'entrer dans le temple des muses.

Moi que ma mère a enfanté sur le mont
Parnasse, où la déesse Mnémosyne a donné
au grand Jupiter neuf filles qui composent le
chœur des sciences & des arts ; quoique je
sois presque né dans les écoles ; que j'aie arraché de mon cœur toute passion de m'enrichir ; & que je me sois donné tout entier
à cette manière de vivre ; je ne suis néanmoins admis qu'avec peine dans l'illustre
compagnie des savans.

Que croyez-vous donc que doive attendre
celui, qui, préférant la douceur du gain à
l'honnête occupation d'un homme de lettres, ne cherche par ses soins & par ses
veilles, qu'à amasser de grandes richesses ?
Mais quoiqu'il en soit, comme dit Sinon,
quand il fut amené devant Priam, roi de
Troye ; je vais faire dans le style d'Ésope,
un troisième livre que je consacre à votre
gloire, en reconnoissance des bons offices
que vous m'avez rendus. Si vous me faites
la faveur de le lire, j'en aurai une joie ex-
trême ; & si vous ne le pouvez pas, au

21   20   19   17   18
Æsopi illius semitâ feci viam,

22   23   24   25   26
Et cogitavi plura quàm reliquerat,

29   31   27   28   30
In calamitatem deligens quædam meam.

32 33   37   34   36   35
Quòd si accusator alius Sejano foret,

38   40   39   43   42   41
Si testis alius, judex alius denique,

47   44   46   45   49   48
Dignum faterer esse me tantis malis.

50 53   52   51   54
Nec his dolorem delenirem remediis.

59   55   56   57   58
Suspicione si quis errabit suâ,

60   61   62 63   64   65   66   67
Et rapiet ad se quod erit commune omnium,

69   68   71   70
Stultè nudabit animi conscientiam.

76   75   74   73   72
Huic excusatum me velim nihilominus:

80 77   78   83   84   79   81   82
Neque enim notare singulos mens est mihi;

85   88   87   89   90   91   86
Verùm ipsam vitam & mores hominum ostendere.

97 95   96   94   92   93   98
Rem me professum dicet fors aliquis gravem.

99   2   1   5   3   4
Si Phryx Æsopus potuit, Anacharsis Scytha

8   7   6   10   9
Æternam famam condere ingenio suo:

12   17   13   14   15   16
Ego, litteratæ qui sum propior Græciæ,

11   21   22   18   20   19
Cur somno inerti deseram patriæ decus,

25   23   24   26   28   27
Threissa cùm gens numeret auctores suos,

33 29   30   31   32   34   35
Linoque Apollo sit parens, Musa Orpheo,

36 38   39   37   40   41   42
Qui saxa cantu movit, & domuit feras,

46 43   44   45   48   47
Hebrique tenuit impetus dulci morâ?

o moins il donnera quelque plaisir à la postérité.

Je vais maintenant exposer en peu de mots ce qui a donné lieu à l'invention des fables. Un esclave gêné par la dépendance, n'osant dire clairement tout ce qu'il eût bien voulu, exprima, par des narrations fabuleuses, ses idées particulières, &, par d'agréables fictions, il se mit à couvert de tout reproche. Pour moi, j'ai fait un chemin large & spacieux du petit sentier d'Ésope, & j'en ai plus inventé qu'il n'en avoit laissé; choisissant même quelques sujets propres à me consoler de mon infortune. Si j'avois un autre accusateur, d'autres témoins, & enfin un autre juge que Séjan, je conviendrois que je mérite tous les maux qui me sont arrivés; & je n'aurois pas recours à ces remèdes pour soulager ma douleur. Si quelqu'un veut se tromper par des soupçons téméraires, & prendre pour lui ce qui est dit pour tout le monde, il donnera mal-à-propos à connoître qu'il se sent coupable. Je prie pourtant ceux qui se trouveroient dans cette disposition, de vouloir bien m'excuser; car mon dessein n'est pas de désigner personne en particulier, mais de représenter la vie des hommes, telle qu'elle est, & de parler en général de leurs mœurs. Quelqu'un me dira

E 5

Ergo hinc abesto , Livor, ne frustra gemas ,

Quoniam mihi solemnis debetur gloria.

Induxi te ad legendum ; sincerum mihi

Candore noto reddas judicium peto.

FABULA I.

ANUS AD AMPHORAM.

Rei bonæ vel vestigia delectant.

Anus jacere vidit epotam Amphoram ,

Adhuc Falernâ fæce, & testâ nobili ,

peut-être que j'entreprends une chose assez
difficile ; mais si Ésope qui étoit de Phry-
gie, & Anacharsis Scythe d'origine, ont
pu, par leur esprit, se faire une réputation
qui durera éternellement ; pourquoi étant
plus proche qu'eux de la Grèce, le centre des
sciences & des arts, abandonnerai-je par une
lâche oisiveté l'honneur de ma patrie ? car la
Thrace peut vanter aussi ses écrivains & ses
auteurs, puisque Linus étoit fils d'Apollon
même, & qu'une muse a mis au monde
Orphée, qui, par l'harmonie de son luth,
sut émouvoir les rochers, apprivoiser les
bêtes féroces, & retenir, par une douce
violence, la rapidité de l'Hèbre. Envieux,
fuyez donc loin de moi, & ne murmurez
pas en vain, de me voir mériter une approbation générale. ¶ Je vous ai sans doute,
mon cher Eutyche, déterminé à lire ces
fables : je vous supplie donc de me dire,
avec votre sincérité ordinaire, le jugement
que vous en aurez porté.

FABLE I.

La Vieille parlant à une cruche.

Les moindres restes des bonnes choses font plaisir.

UNE bonne Vieille trouva à terre une grande
cruche vuide, qui, conservant encore de la

10 6 11 9 7
Odorem quæ jucundum latè fpargeret.
20 17 21 18 19 22
Hunc poftquam totis avida traxit naribus :
23 25 24 26 30 31 32 27
O fuavis anima, quale in te dicam bonum
29 28 36 33 35 34
Antehac fuiffe, tales cùm fint reliquiæ ?
42 41 43 40 37 39 38
Hoc quò pertineat dicet qui me noverit.

II. PANTHERA ET PASTORES.

Benefico bene erit.

3 5 6 2 4 1
SOLET a defpectis par referri gratia.
8 9 7 11 12 10
Panthera imprudens olim in foveam decidit.
14 13 15 17 16
Vidêre agreftes : alij fuftes congerunt,
18 19 20 21 22 23
Alii onerant faxis ; quidam contrà miferiti,
25 24 26 27 28
Perituræ quippe, quamvis nemo læderet,
29 30 31 32 33
Mifêre panem, ut fuftineret fpiritum.
34 35 36 37 39 38
Nox infecuta eft, abeunt fecuri domum,
40 41 42 43
Quafi inventuri mortuam poftridiè.
44 46 48 45 47 49
At illa, vires ut refecit languidas,
54 53 52 51 50
Veloci faltu foveâ fefe liberat,
55 59 60 57 58 56
Et in cubile concito properat gradu.
61 62 63 64
Paucis diebus interpofitis, provolat,
66 65 69 68 67
Pecus trucidat, ipfos paftores necat,

lie d'un excellent vin de Falerne, exhaloit au loin, de son sein précieux, une odeur fort agréable. Après qu'elle l'eût flairée, avec un transport avide : O la douce odeur ! s'écria-t-elle, de quel prix, chère cruche, dirai-je que tu étois autrefois ; puisque tu as de si bons restes ! ¶ Celui qui m'aura connu, dira aisément ce que cette fable signifie.

II. *La Panthère & les Bergers.*

Le bienfaisant sera récompensé.

CEUX que l'on a méprisés, rendent ordinairement la pareille. ¶ Un jour une Panthère tomba dans une fosse, à laquelle elle ne prenoit point garde. Des paysans l'ayant vue, les uns lui jetèrent quantité de bâtons, les autres l'accablèrent de pierres. Quelques-uns au contraire en ayant pitié, lui donnèrent du pain, pour la faire vivre encore quelque temps ; parce qu'il ne sembloit pas qu'elle en pût revenir, quand même on auroit cessé de lui faire du mal. La nuit vint, chacun se retira chez soi tranquillement, comptant la trouver morte le lendemain. Mais quand elle eut repris ses forces, elle se tira de la fosse par un saut léger, & s'enfuit promptement dans sa tanière. Peu de jours après, on la voit accou-

70   72   71   73   75   74
Et, cuncta vastans, sævit irato impetu.
76 81   80   77 79   78
Tum sibi timentes, qui feræ pepercerant,
84   82   83   86   87 88   85
Damnum haud recusant, tantùm pro vitâ rogant.
89 90   91   92 94 95   93
Et illa : Memini qui me saxo petierint,
96   98   97   99   2   1
Qui panem dederint : vos timere absistite ;
5   3   4   6   8   7
Illis revertor hostis qui me læserant.

III. ÆSOPUS ET RUSTICUS.

Experientia præstantior arte.

2   1   7   6
Usu peritus hariolo velocior
4   5   3   9   8   10   11
Vulgò esse fertur : causa sed non dicitur :
13   12   14   15   17   16
Notescet quæ nunc primùm fabellâ meâ.
21   20   22   19   18
Habenti cuidam pecora pepererunt oves
23   25   24   27   26
Agnos informi capite. Monstro exterritus,
30   31   28   29   32
Ad consulendos currit mærens hariolos.
33   35   36   38   34   37
Hic pertinere ad domini respondit caput.
39   41   42   40
Et avertendum victimâ periculum :
44 43   45   46   47   48
Ille autem affirmat conjugem esse adulteram.
49   51   52   50
Et insitivos significari liberos ;

rir ; elle déchire les troupeaux, tue les bergers eux-mêmes : & faisant un désordre universel, elle laisse par-tout des marques de sa cruauté & de sa fureur. Alors ceux qui en avoient eu pitié, craignant aussi pour eux, s'offrent à perdre leurs troupeaux, & la prient d'épargner seulement leur vie. Elle leur répond : Je reconnois ceux qui m'ont jeté des pierres, & ceux qui m'ont donné du pain. Pour vous, cessez de craindre ; je ne viens me venger que de ceux qui m'ont maltraitée.

III. *Ésope & le Paysan.*

L'art ne vaut pas l'expérience.

On dit ordinairement qu'un homme prudent, & qui a de l'expérience, est plus habile, & voit plus clair dans l'avenir qu'un devin ; mais on ne dit pas ce qui a donné lieu à cette maxime : c'est ce qui va être éclairci pour la première fois par cette histoire. ¶ Un homme avoit un troupeau de brebis ; quelques-unes firent des agneaux dont la tête étoit faite d'une manière extraordinaire. Effrayé de ce prodige, & fort triste, il court consulter les devins. L'un lui dit que ce qui est arrivé, regarde sa tête, & qu'il faut offrir des victimes aux dieux ;

Sed expiari posse majori hostiâ.

Quid multa ? Variis dissident sententiis ,

Hominisque curam curâ majore aggravant.

Æsopus ibi stans , naris emunctæ senex ,

Natura numquam verba cui potuit dare :

Si procurare vis ostentum, Rustice ,

Quod æquum est , inquit , da tuis pastoribus.

IV. SIMII CAPUT.

Mentem hominis spectato , non frontem.

PENDERE ad Lanium quidam vidit Simium ,

Inter reliquas merces atque obsonia.

Quæsivit quidnam saperet. Tùm Lanius jocans:

Quale , inquit , caput est , talis præstatur sapor.

Ridiculè magis hoc dictum , quàm verè , æstimo ,

Quando & formosos sæpè inveni pessimos ;

Et turpi facie multos cognovi optimos.

pour détourner le danger dont elle est menacée. Un autre assure qu'il y a quelque
autre disgrace à craindre, que ses enfans
seront malheureux; mais qu'il y a moyen
de prévenir tous ces maux, en offrant une
victime qui soit grande & dans sa force.
Enfin leurs sentimens se trouvent si diffé-
rens, que c'est un surcroit d'inquiétude pour
cet homme qui étoit déjà assez embarrassé.
Ésope se trouvant là par bonheur, lui qui
avoit l'esprit pénétrant, & à qui la nature
ne put jamais en imposer, développa tout
le mystère. Bon homme, lui dit-il, si vous
voulez empêcher le mal que ce prodige
vous présage, ne refusez à vos bergers rien
de ce qui est juste.

IV. *La tête du Singe.*

Il ne faut point juger des hommes par l'extérieur.

Un homme vit chez un boucher un Singe
accroché parmi d'autres viandes qui étoient
à vendre, & demanda quel goût il avoit.
Le Boucher lui dit en riant: Telle vous
voyez la tête, tel aussi je vous garantis le
goût. ¶ Cette réponse me paroît plutôt une
plaisanterie qu'une vérité; car j'ai vu des gens
qui étoient beaux, & ne laissoient pas d'être
très-méchans; & j'en ai connu, qui étant

V. ÆSOPUS ET PETULANS.

Erit ubi pœnas det procax audacia.

Successus ad perniciem multos devocat.

Æsopo quidam petulans lapidem impegerat,

Tantò, inquit, melior. Assem deinde illi dedit,

Sic prosecutus : Plus non habeo mehercule ;

Sed unde accipere possis, monstrabo tibi.

Venit ecce dives & potens ; huic similiter

Impinge lapidem, & dignum accipies præmium.

Persuasus ille, fecit quod monitus fuit.

Sed spes fefellit impudentem audaciam ;

Comprehensus namque pœnas persolvit cruce.

rès-laids de visage, étoient néanmoins fort
vertueux.

V. *Ésope & un Insolent.*

Un insolent trouve enfin qui le paye.

Un heureux succès conduit bien des gens
à leur perte. ¶ Un certain insolent avoit ap-
pliqué un coup de pierre à Ésope. Je vous
en estime davantage, lui dit Ésope; & en
même tems il lui donna un sou, ajoutant:
Je n'ai que cela, je vous assure ; mais je
vous montrerai une personne de qui vous
pourrez recevoir beaucoup plus. Voici un
homme riche qui vient, & qui est plus en
état de vous payer que moi. Appliquez-lui
de même un bon coup de pierre, & vous
recevrez une récompense digne de vous. Celui-ci, persuadé de la bonté de ce conseil,
le suivit sottement; mais son insolence n'eut
pas le succès qu'il s'en étoit promis ; car,
ayant été arrêté, il paya par la potence la
peine de son effronterie.

VI. MUSCA ET MULA.

Ridenda imbecillorum superbiloquentia.

Musca in temone sedit; & Mulam incre...

Quàm tarda es! inquit: non vis citiùs pro...

Vide ne dolone collum compungam tibi.

Respondit illa: Verbis non moveor tuis;

Sed istum timeo sellâ qui primâ sedens

Jugum flagello temperat lento meum,

Et lora frenis continet spumantibus.

Quapropter aufer frivolam insolentiam;

Namque ubi strigandum est, & ubi currendum,

Hâc derideri fabulâ meritò potest

Qui, sine virtute, vanas exercet minas.

VII. CANIS ET LUPUS.

Liber inops servo divite felicior.

Quam dulcis sit libertas breviter proloquar.

Cani perpasto macie confectus Lupus

VI. *La Mouche & la Mule.*

cours hautains des lâches ne méritent que
du mépris.

Mouche fe mit fur le timon d'un cha-
& grondant la Mule qui le tiroit : Que
lente ! dit-elle, ne veux-tu pas aller
vîte ? prends garde que je ne te perce
u de l'arme invifible que je porte. La
lui répondit : Tes rodomontades ne me
pas peur ; je ne crains que celui qui,
affis fur le fiège du chariot, dirige,
me il lui plaît, par les coups de fouet
me donne, le joug que je porte ; & qui,
nt les rênes, fait écumer le mors que
dans la bouche, & modère mon ardeur.
e donc de me parler avec cette infolence
ole ; car je fais quand il faut que je m'ar-
e, & quand il faut que je coure. ¶ Cette
le fait bien voir le ridicule de celui qui,
ayant aucune force ne laiffe pas de faire
s menaces.

VII. *Le Chien & le Loup.*

'indigent libre eft plus heureux qu'un riche efclave.

E vais faire voir en peu de mots, combien
a liberté eft douce. ¶ Un Loup maigre &

11   10   15   14   16
Forté occurrit : falutantes dein invicem

17   18   19   21   22   20
Ut reftiterunt : Unde fic, quæfo, nites ?

23   24   25   26   27   28
Aut quo cibo fecifti tantùm corporis ?

29   30   31   32   33   34   35
Ego , qui fum longé fortior , pereo fame.

36   37   38   40   39   41
Canis fimpliciter : Eadem eft conditio tibi ,

44   45   42   47   46   43
Præftare domino fi par officium potes.

48   49   50   53   51   52   54
Quod ? inquit ille. Cuftos ut fis liminis ,

58   99   56   55   60   57
A furibus tuearis & noctu domum.

61   62   63   64   65   66   67
Ego veró fum paratus : nunc patior nives

70   69   74   75   73   72   71
Imbrefque, in filvis afperam vitam trahens :

76   80   81   82   78   79   77
Quantò eft facilius mihi fub tecto vivere ,

83   85   87   84   86
Et otiofum largo fatiari cibo !

88   89   90   91   92   94
Veni ergo mecum. Dum procedunt , afpicit

93   98   99   95   97   96
Lupus a catenâ collum detritum Canis.

1   2   3   4   5   6   8   7
Unde hoc, amice ? Nihil eft. Dic, quæfo, tamen.

9   10   11   12   13   14
Quia videor acer, alligant me interdiu,

17   15   16   18   19   21   20   22
Luce ut quiefcam, & vigilem nox cùm venerit

24   23   26   27   28   25
Crepufculo folutus, quâ vifum eft, vagor.

30   31   29   35   37   36
Adfertur ultro panis ; de menfâ fuâ

33   34   32   40   39   38
Dat offa dominus ; frufta jactat familia,

41   44   45   42   43
Et, quod faftidit quifque , pulmentarium.

46   50   51   48   49   47
Sic fine labore venter impletur meus.

défait , rencontra un Chien gros & gras:
s'étant falués l'un & l'autre, ils s'arrêtèrent.
D'où vient, je te prie, dit le Loup, que tu
es fi gras & fi luifant ? ou de quelles viandes
as-tu été nourri, pour être parvenu à un fi
parfait embonpoint ? Moi qui fuis beaucoup
plus brave que toi, je meurs de faim. Le
Chien lui répondit ingénûment : Tu peux
trouver le même avantage que moi , fi tu
peux te réfoudre à rendre à un maître le
même fervice que je rends au mien. Quel
fervice ? dit le Loup : C'eft de garder la
porte, & d'empêcher que les voleurs n'en-
trent la nuit dans la maifon. Je n'héfite
point à prendre ce parti, reprit le Loup:
J'ai été jufqu'à préfent expofé à la pluie &
à la neige, traînant dans les bois une vie
languiffante & miférable : combien me fera-
t-il plus doux de vivre à couvert dans une
maifon, & de pouvoir manger tout mon
faoul à ne rien faire ! Suis-moi donc, dit le
Chien. Comme ils marchoient enfemble, le
Loup s'apperçoit que le Chien avoit le cou
pelé de la chaîne qui le tenoit ordinairement à l'attache. Que veut dire cela, ami ?
lui dit-il : Ce n'eft rien ? mais encore, dis-
moi, je te prie ! Parce que l'on me trouve
un peu vif, on me tient lié pendant le jour,
& l'on me donne ce temps-là pour me repo-

52 53 56 58 59 57 55 54
Age, si quò est abire animus, est licentia?
60 62 61 63 64 65 66 67
Non planè est, inquit. Fruere, quæ laudas, Canis
69 68 73 70 71 72 74
Regnare nolo, liber ut non sim mihi.

VIII. FRATER ET SOROR.

Sat pulcher qui sat bonus.

2 1 5 4 3
PRÆCEPTO monitus, sæpè te considera.
7 6 8 9
Habebat quidam filiam turpissimam,
11 10 14 15 16 13 12
Itidemque insigni & pulchrâ facie filium.
24 18 21 22 23 17 19 20
Hi speculum in cathedrâ matris, ut positum fuit,
26 25 28 27
Pueriliter ludentes fortè inspexerant.
29 31 32 30 33 34
Hic se formosum jactat: illa irascitur,
35 39 36 38 37
Nec gloriantis sustinet Fratris jocos,
40 45 44 41 42 43
Accipiens (quid enim?) cuncta in contumeliam?

ſer, afin que je puiſſe veiller quand la nuit
eſt venue. Le ſoir on me délie, & je vais
par-tout où je veux. On a ſoin de m'appor-
ter du pain; mon maître me donne les os
de ſa table: les valets me jettent toujours
quelques morceaux, & chacun m'abandonne
le reſte des viandes dont il ne veut plus.
Ainſi, ſans me fatiguer, je me remplis le
ventre. Mais, dis-moi, s'il te prend quelquefois envie d'aller te promener, le peux-tu
faire librement? Non pas tout-à-fait, répondit-il. O bien, monſieur le Chien, vante,
tant que tu voudras, les avantages dont tu
jouis: pour moi, je ne voudrois pas d'un
royaume aux dépens de ma liberté.

VIII. *Le Frère & la Sœur.*

On eſt aſſez beau, quand on eſt bon.

CETTE leçon vous avertit de faire ſouvent
attention ſur vous-même. ¶ Un homme avoit
une petite fille fort laide, & un petit garçon
parfaitement beau. Ils trouvèrent un miroir
ſur la chaiſe de leur mère, &, en jouant,
comme font les enfans, ils s'y étoient par
hazard regardés. Le petit garçon affecte de
dire qu'il eſt beau: la ſœur ſe fâche, & ne
peut ſouffrir que ſon frère s'applaudiſſe en ſe
moquant d'elle; prenant toutes ſes paroles
F

47 48 49 46 50 51
Ergo ad patrem cucurrit, læfura invicem.
54 52 53 55 56
Magnâque invidiâ criminatur filium,
59 58 57 61 62 60
Vir natus quòd rem feminarum tetigerit.
64 65 63 66 67 68
Amplexus utrumque ille, & carpens ofcula,
72 69 73 74 71 70
Dulcemque in ambos caritatem partiens:
80 76 79 77 78 75
Quotidie, inquit, fpeculo vos uti volo:
81 84 82 83 86 85
Tu, formam ne corrumpas nequitiæ malis;
87 91 88 90 93 89 92
Tu, faciem ut iftam moribus vincas bonis.

IX. SOCRATIS DICTUM.

Fidelem ubi invenias virum ?

3 2 1 4 7 6 5
VULGARE amici nomen, fed rara eft fides.
23 25 24 26 23 8
Cùm parvas ædes fibi fundaffet Socrates,
9 10 11 12 13 15 14
(Cujus non fugio 'mortem, fi famam adfequar,
16 18 17 19 21 20
Et cedo invidiæ, dummodo abfolvar cinis:)
29 30 31 27 28 32 34 33
E populo fic nefcio quis, ut fieri folet:
35 40 41 36 37 38 39
Quæfo, tam anguftam, talis vir, ponis domum?

pour autant d'injures : (car que pouvoit-il y avoir de plus injurieux pour elle que le reproche de sa laideur ?) Elle court donc à son père, dans le dessein de faire de son côté de la peine à ce frère ; & , piquée d'une vive jalousie, elle lui fait un crime, de ce qu'étant garçon, il a touché à un meuble qui ne doit servir qu'aux femmes. Le père alors les embrassant l'un & l'autre, les baisant tour-à-tour, & partageant ainsi également à tous deux les marques de sa tendresse, leur dit : Je veux que vous vous regardiez tous les jours au miroir : Vous, *mon fils*, afin que vous évitiez de ternir votre beauté par la laideur du vice : *Et* vous, *ma fille*, afin que vous répariez la difformité de votre visage, par la régularité de vos mœurs.

IX. *Parole de Socrate.*

Où trouve-t-on un ami fidèle ?

LE nom d'ami est assez commun ; mais un ami fidèle est rare. ¶ Socrate, dont la mort n'eut rien de violent que je ne souffrisse sans peine, si je pouvois acquérir la même réputation que lui ; & , à l'exemple duquel, je succomberois volontiers sous les efforts de l'envie, pourvu que l'on me justifiât après ma mort : Socrate, dis-je, ayant commencé à

F 2

Utinam, inquit, veris hanc Amicis impleam.

X. RES GESTA SUB AUGUSTO.

Ne sis credulus , maximè criminatori.

PERICULOSUM est credere & non credere.

Utriusque exemplum breviter exponam rei.

Hippolytus obiit , quia novercæ creditum est;

Cassandræ quia non creditum , ruit Ilium.

Ergo exploranda est veritas multùm priùs

Quàm stulta pravè judicet sententia.

Sed fabulosâ ne vetustate elevem ,

Narrabo tibi memoriâ quod factum est meâ.

Maritus quidam cùm diligeret conjugem ,

Togamque puram jam pararet filio ,

Seductus in secretum a liberto suo ,

Sperante hæredem suffici se proximum.

Qui , cùm de puero multa mentitus foret ,

bâtir une maison fort petite, un homme du peuple, & qui n'eſt pas connu, lui dit, comme c'eſt l'ordinaire ; comment donc, je vous prie, un ſi grand perſonnage bâtit-il une ſi petite maiſon ? Plût à Dieu, répondit Socrate, que, toute petite qu'elle eſt, je la puſſe remplir de vrais amis !

X. *Hiſtoire arrivée du tems d'Auguſte.*

Il ne faut pas croire aiſément le mal que l'on dit des autres.

Il y a du danger à croire tout, auſſi-bien qu'à ne rien croire. Je donnerai en peu de mots un exemple de l'un & de l'autre.

Hippolyte mourut, parce que l'on crut ſa belle-mère ; & la ville de Troye fut ruinée, parce que l'on ne crut pas Caſſandre. Il faut donc s'informer fort exactement de la vérité des choſes avant que d'en juger, afin de ne rien faire à l'étourdi, ni avec injuſtice. Mais pour ne point affoiblir cette vérité, en ne l'appuyant que ſur quelqu'une de ces anciennes hiſtoires qui ſentent la fable ; je vais vous raconter une choſe qui s'eſt paſſée de mon temps. ¶ Un homme, aimant beaucoup ſa femme, & qui étoit ſur le point de donner la robe virile à ſon fils, avoit un affranchi, qui, eſpérant devenir

F 3

76   77 78   79   81   80
Et plura de flagitiis castæ mulieris,

82   83   84   85   87
Adjecit id, quod sentiebat maximè

86   88   90   89
Doliturum amanti, ventitare adulterum,

95   91   96   94   92   93
Stuproque turpi pollui famam domûs.

98   97   1   2   99
Incensus ille falso uxoris crimine,

3   4   5   6   9   7   10   11
Simulavit iter ad villam, clamque in oppido

8   12   13   16   15
Subsedit; deinde noctu subitò januam

14   18   19   20   17
Intravit, rectâ cubiculum uxoris petens,

21 22   26   23   25   24
In quo dormire mater gnatum jusserat,

29   30   27   28
Ætatem adultam servans diligentiùs.

31   32   33   34   36   35
Dum quærunt lumen, dum concursant familia,

41   40   39   37   38
Iræ furentis impetum non sustinens,

43   44   42   47   45   46   48
Ad lectum accedit, tentat in tenebris caput.

50   51   52   55   54   53
Ut sentit tonsum, gladio pectus transfigit,

57   56   58   60   59
Nihil respiciens, dum dolorem vindicet.

61   62   63   64   65
Lucernâ adlatâ, simul aspexit filium,

68   66   67   69   70
Sanctamque uxorem dormientem cubiculo,

72   73   71 76 74   75
Sopita primò quæ nil somno senserat:

77   78 79   80   81
Repræsentavit in se pœnam facinoris,

82 84   83   85   86   87
Et ferro incubuit, quod credulitas strinxerat.

88   89   90
Accusatores postulârunt mulierem,

93 91   92   94   95
Romamque pertraxerunt ad centumviros.

son plus proche héritier, le tira à part, à
dessein de le séduire ; & quand il eut faussement accusé son fils sur bien des choses, il
supposa encore plus de crimes à sa fidèle
épouse ; & ajouta un article auquel il le
croyoit le plus sensible, à cause de la tendresse qu'il avoit pour elle : il lui dit qu'elle
recevoit secrètement des visites d'un homme, qui la perdoit de réputation , & avec
qui elle dépensoit tout le bien de sa famille.
Le mari , transporté de colère au récit de
ces impostures , feignit d'aller à une maison
qu'il avoit aux champs , & demeura dans la
ville sans qu'on le sût. La nuit venue , il
rentre tout-à-coup chez lui , va droit à la
chambre de sa femme , qui avoit dit à son
fils d'y coucher auprès d'elle , pour être plus
à portée de veiller sur lui dans cet âge plus
avancé. Pendant que l'on cherche de la lumière , & que les valets courent de côté &
d'autre ; le père ne se possédant point de
fureur , s'approche du lit , & dans l'obscu-
rité avançant la main , il réncontre la tête
d'un homme. Sentant qu'il a des cheveux
courts , il lui passe son épée au travers du
corps , ne songeant qu'à satisfaire sa douleur
& sa vengeance. La lumière étant arrivée ,
il vit aussi-tôt son fils qu'il venoit de tuer ,
& sa femme très-innocente qui dormoit en-

[97] Maligna [99] infontem [98] deprimit [96] fufpicio,

[1] Quòd [3] bona [2] poffideat. [5] Stant [4] patroni, [6] fortiter

[8] Caufam [7] tuentes [10] innocentis [9] feminæ.

[14] A [15] divo [16] Augufto [11] tunc [13] petiere [12] judices,

[17] Ut [18] adjuvaret [20] jurisjurandi [19] fidem,

[21] Quòd [25] ipfos [22] error [24] implicuiffet [23] criminis.

[26] Qui [27] poftquam [29] tenebras [28] difpulit [30] calumniæ,

[34] Certumque [31] fontem [33] veritatis [35] repperit: [32]

[40] Luat, [36] inquit, [41] pœnas [38] caufa [37] libertus [39] mali;

[42] Namque [44] orbam [45] gnato, [47] fimul [46] & [48] privatam [49] viro,

[50] Miferandam [51] potiùs [52] quàm [53] damnandam [43] exiftimo,

[54] Quòd [55] fi [60] damnanda [57] perfcrutatus [59] crimina

[56] Paterfamilias [58] effet, [61] fi [64] mendacium

[63] Subtiliter [62] limaffet, [65] a [66] radicibus

[67] Non [68] evertiffet [70] fcelere [71] funefto [69] domum.

[74] Nil [73] fpernat [72] auris, [75] nec [77] tamen [76] credat [78] ftatim; [79]

[80] Quandoquidem [81] & [82] illi [83] peccant [84] quos [85] minimè [86] putes,

[87] Et [88] qui [89] non [90] peccant [91] impugnantur [92] fraudibus.

[93] Hoc [96] admonere [97] fimplices [95] etiam [94] poteft

[2] Opinione [3] alterius [98] ne [1] quid [99] ponderent:

[5] Ambitio [4] namque [7] diffidens [6] mortalium

[9] Aut [10] gratiæ [8] fubfcribit, [11] aut [13] odio [12] fuo.

core, & qui, plongée dans son premier
sommeil, n'avoit rien entendu : il se punit
sur le champ du crime qu'il venoit de commettre, & se perça de la même épée dont
sa trop grande crédulité avoit armé sa main.

La femme ne manqua point d'accusateurs ;
elle fut traduite à Rome devant les centum-
virs ; & la calomnie fit tomber le soupçon
sur elle, quoique très-innocente, par la raison qu'elle étoit demeurée maîtresse de tous
les biens. Les avocats défendirent parfaitement bien sa cause, & n'oublièrent rien pour
la justifier. Alors les juges supplièrent l'Empereur Auguste de les aider dans cette affaire
à remplir avec fidélité la religion de leur
serment, parce qu'ils étoient embarrassés
par l'incertitude du crime. Ce prince, ayant
dissipé les ténèbres de la calomnie, & découvert la source de la vérité, prononça ce jugement. Que l'affranchi, qui a causé lui seul
tout le mal, soit puni comme il le mérite ;
car pour cette femme, qui a perdu tout ensemble son fils & son mari, je la trouve
plus digne de compassion que de châtiment.
Si ce malheureux père de famille fût entré
dans un examen sage & judicieux des accu-
sations atroces formées contre sa femme &
son fils ; s'il eût suivi le mensonge & la calomnie jusques dans leur principe, il n'eut

19   14   20   15   17 18   16
Erit ille notus quem per te cognoveris.
  23   21·   22   25   24
    Hæc exsecutus fum propterea pluribus,
  29   30   26   28   27
Brevitate nimiâ quoniam quofdam offendimus.

XI. CLAUDUS AD IMPROBUM.

Ut quemque Deus vult effe , ita eft.

E ¹   2   3   4   5'
EUNUCHUS litigabat cum quodam improbo;
  6   7   9   8   10   12   11
Qui, fuper obfcena dicta & petulans jurgium,
   15   13   14   17   16
Damnum infectatus eft invalidi corporis.
  18   19   20   22   21   23   24   25
Quin, ait, hoc unum eft , cur laborem validiùs;
29   28   26   27   30   31
Te perfequendi quîa copia defit mihi.

pas détruit sa maison par un crime si funeste.

Il ne faut rien méprifer de ce que l'on entend dire : mais auffi l'on ne doit point croire avec trop de légèreté, parce que fouvent ceux de qui l'on fe défie le moins, font criminels, tandis que ceux qui n'ont point fait de mal, font attaqués injuftement. Ceci eft encore un avis pour ceux qui font naturellement bons & faciles, de ne point juger fur le rapport d'autrui ; car les hommes étant pouffés par divers intérêts & par des paffions différentes, n'agiffent ordinairement que par averfion ou par faveur. On ne connoît bien que celui que l'on connoît par foi-même.

Dans ce récit j'ai été plus long que je n'ai coutume de l'être, parce que certaines gens fe font plaints de ma trop grande briéveté.

XI. Repartie d'un Boiteux à un mal-honnête homme.

Nous fommes ce que Dieu veut que nous foyons.

Un Boiteux eut querelle avec un mal-honnête homme, qui, après lui avoir dit plufieurs paroles outrageantes, & l'avoir longtemps infulté, lui reprocha encore fon imperfection naturelle, qui l'empêchoit de s'aider de fon corps. C'eft bien là, dit le Boi-

32　34　　37　　　33　　　　36　　　35
Sed quid fortunæ, stulte, delictum arguis?
39　38　40　42　41　　43　　44　45
Id demum est homini turpe, quod meruit pati.

XII. PULLUS AD MARGARITAM.

Optima sæpe despecta.

8　　　9　　　1　　　2
In sterquilinio Pullus gallinaceus,
5　　6　　7　　4　　　　3
Dum quærit escam, Margaritam repperit:
13　15　10　11　12　14
Jaces indigno, quanta res, inquit, loco!
16 17 18　21　　19　　22　20
O si quis pretii cupidus vidisset tui,
23　　24　　25　　26　　27
Olim redisses ad splendorem pristinum.
28　29　31　30　　36　32　35　34　33
Ego quòd te inveni, potior cui multò est cibus,
37 41　40　42　43　38　39
Nec tibi prodesse nec mihi quidquam potest.
45　46　44　47 50　48　49
　Hoc illis narro qui me non intelligunt.

XIII. APES, FUCI, ET VESPA.

Opus artificem probat.

1　4　6　5　2　3
Apes in altâ quercu fecerant favos;
10　7　8　11　9　12
Hos Fuci inertes esse dicebant suos.

teux ;

ux, ce qui me fait le plus de peine en ce
oment, & de voir qu'il ne me foit pas
ore de te pourfuivre. Mais, infenfé que tu
, pourquoi reprends-tu en moi une dif-
race, dont la fortune feule eft caufe? ¶
e qu'un homme a mérité de fouffrir, eft
feule chofe qui doive lui faire honte.

XII. *La Perle dans le fumier.*

On méprife fouvent ce qu'il y a de plus précieux.

Un jeune Coq cherchant de quoi manger
lans un fumier, y trouva une Perle : Que tu
s une belle chofe, dit-il : mais que ce lieu
e convient mal ? Ah ! fi quelqu'un, curieux
le ta valeur, t'avoit vue ici, il y a long-
emps que tu ferois revenue à ton premier
clat. Pour moi qui t'ai trouvée, & qui ai-
nerois mieux que ce fût quelque chofe à
nanger, je ne puis t'être bon à rien, & tu
e peux m'être utile. ¶ Je dis ceci pour ceux
ui ne connoiffent ni l'efprit, ni la fineffe
le mes fables.

XIII. *Les Abeilles, les Bourdons, & la Guêpe.*

A l'ouvrage on connoît l'Ouvrier.

Des Abeilles avoient fait leur miel fur un
grand chêne : des Bourdons, ennemis du tra

G

Lis ad forum deducta est, Vespâ judice.

Quæ genus utrumque nocet cùm pulcherrimè,

Legem duabus hanc proposuit partibus :

Non inconveniens corpus , & par est color,

In dubium planè res ut meritò venerit :

Sed, ne religio peccet imprudens mea ,

Alveos accipite, & ceris opus infundite,

Ut ex sapore mellis & formâ favi ,

De quis nunc agitur , auctor horum adpareat.

Fuci recusant; Apibus conditio placet.

Tunc illa talem sustulit sententiam :

Apertum est quis non possit, & quis fecerit:

Quâ ropter Apibus fructum restituo suum.

Hanc præterissem fabulam silentio ,

Si pactam Fuci non recusassent fidem.

que ce miel leur appartenoit.
...le en justice, & portée devant
...u'ils prirent pour juge. Comme
...loit parfaitement la nature des
autres, elle proposa aux deux
...ne condition qui devoit décider leur
...nd; & leur dit : Vous vous ressemblez
...de corps : vous êtes de même couleur;
... ce n'est pas sans raison que la question
paroît douteuse; mais afin que je puisse
mieux vous rendre justice, & que je ne ha-
zarde rien contre mon devoir, prenez des
ruches, & chacun de votre côté, faites voir
dans la cire un échantillon de votre ouvrage; afin que par le goût du miel, & par la
forme des rayons, on puisse prononcer
sûrement, qui sont ceux qui ont fait le miel
dont il s'agit. Les Bourdons refusent d'en
passer par cette épreuve : les Abeilles accep-
tent la condition avec joie. Alors la Guêpe
prononça cette sentence : Il est aisé de reconnoître ceux qui n'ont pu faire le miel, &
ceux qui l'ont fait. Je rends donc aux Abeilles le fruit de leur travail. ¶ J'aurois passé
cette fable sous silence, si les Bourdons,
après être convenus d'un juge, n'avoient
refusé de se soumettre à sa décision.

XIV. ÆSOPUS LUDENS.

Otiare , quò labores.

P[10]UERORUM in[8] turbâ[9] quidam[1] ludentem[6] Atticus[2]

Æsopum[5] nucibus[7] cùm[3] vidisset[4] , restitit[11] ,

Et[12] quasi[14] delirum[23] risit[15] . Quod[13] sensit[22] simul[16]

Derisor[18] potiùs[19] quàm[20] deridendus[21] senex[17] ;

Arcum[25] retensum[26] posuit[24] in[27] mediâ[28] viâ[29] :

Heus[30] ! inquit[32] , sapiens[31] , expedi[33] quid[34] fecerim[35] .

Concurrit[37] populus[36] : Ille[38] se[40] torquet[39] diu[41] ,

Nec[42] quæstionis[45] positæ[46] causam[44] intelligit[43] :

Novissimè[47] succumbit[48] . Tum[49] victor[51] sophus[50] :

Citò[54] rumpes[52] arcum[53] , semper[58] si[55] tensum[57] habueris[56]

At[59] si[60] laxâris[61] , cùm[64] voles[65] erit[62] utilis[63] .

   Sic[66] lusus[67] animo[71] debet[68] aliquando[70] dari[69] ,

Ad[76] cogitandum[77] melior[74] ut[72] redeat[75] tibi[73] .

XIV. *Ésope qui joue aux noix.*

Il faut se reposer pour mieux travailler.

Un Athénien voyant Ésope qui jouoit aux noix au milieu d'une troupe d'enfans, s'arrêta, & ne put s'empêcher d'en rire, comme d'un fou qui radotoit. Ce vieillard, plus propre à se moquer des autres qu'à s'en faire moquer, s'en étant apperçu, mit à terre dans la rue un arc débandé, & dit à cet Athénien : Hé bien ! illustre Sage que vous êtes, dites-nous un peu ce que signifie ce que je viens de faire ? Le peuple accourt de toutes parts : cet homme se tourmente long-temps sans pouvoir comprendre où tendoit cette question ; à la fin il se rend. Alors le sage vieillard, content de l'embarras où il le voyoit, ajouta : Vous romprez bientôt cet arc, si vous le tenez toujours tendu ; mais si vous le débandez, vous pourrez vous en servir, quand vous voudrez. ¶ Ainsi l'on doit quelquefois donner du relâche à son esprit, afin qu'il puisse ensuite retourner, & plus frais, & plus libre à ses fonctions ordinaires.

XV. AGNUS A CAPELLA NUTRITUS.

Qui educat pater magis quàm qui genuit.

Inter Capellas Agno balanti Canis,

Stulte, inquit, erras, non est hîc mater tua:

Ovesque segregatas ostendit procul.

Non illam quæro quæ, cùm libitum est, concipit,

Dein portat onus ignotum certis mensibus,

Novissimè prolapsam effundit sarcinam;

Verùm illam quæ me nutrit admoto ubere,

Fraudatque gnatos lacte, ne desit mihi.

Tamen illa est potior quæ te peperit. Non ita est:

Unde illa scivit niger an albus nascerer?

Age porro scisset: cùm crearer masculus,

Beneficium magnum sanè natali dedit,

Ut expectarem lanium in horas singulas!

Cujus potestas nulla in gignendo fuit,

Cur hâc sit potior, quæ jacentis miserita est,

Dulcemque sponte præstat benevolentiam?

Facit parentes bonitas, non necessitas.

His demonstrare voluit auctor versibus,

Obsistere homines legibus, meritis capi.

XV. *L'Agneau nourri par une Chèvre.*

Celui qui prend soin de l'éducation, mérite mieux la qualité de père que celui qui donne la vie.

Un Chien dit à un Agneau qui bêloit parmi des Chèvres : tu te trompes, sot que tu es ; ta mère n'est point là ; en même-temps il lui montra des brebis qui paissoient séparément assez loin de-là. L'Agneau répondit : Je ne cherche pas celle qui conçoit quand il lui plaît, & qui, après avoir porté pendant quelques mois un fardeau qu'elle ne connoît pas, s'en délivre enfin en le laissant tomber à terre : mais je cherche celle qui me nourrit en me tendant ses tettes, & qui, pour ne me pas laisser manquer de lait, en retranche à ses petits. Cependant, dit le Chien, celle qui t'a fait naître, est préférable à l'autre. Point du tout, répondit l'Agneau ; car s'est-elle seulement mise en peine de savoir si je naissois noir ou blanc ? & supposons qu'elle l'ait su, elle m'a sans doute, par ma naissance, rendu un grand service en me faisant mâle, afin que j'attende à tout moment le boucher qui me doit égorger. Pourquoi donc préférerois-je celle qui, en me mettant au monde, n'a fait que suivre le cours de la nature, sur laquelle elle n'avoit aucun pou-

XVI. CICADA ET NOCTUA.

Humanitas & gratior & tutior.

HUMANITATI qui se non accommodat
Plerumque pœnas oppetit superbiæ.
Cicada acerbum Noctuæ convicium
Faciebat, solitæ victum in tenebris quærere,
Cavoque ramo capere somnum interdiu.
Rogata est ut taceret ; multò validiùs
Clamare cœpit. Rursus admotâ prece,
Accensa magis est. Noctua, ut vidit sibi
Nullum esse auxilium, & verba contemni sua,
Hâc est adgressa garrulam fallaciâ :
Dormire quia me non sinunt cantus tui,
Sonare citharâ quos putes Apollinis,

voir, à celle qui me voyant à terre, abandonné, a eu pitié de moi, & me donne des marques de sa tendresse, sans être obligée de le faire. C'est la bonté & l'affection, & non la nécessité de la nature, qui fait les pères & les mères. ¶ L'Auteur a voulu montrer par-là, que les hommes résistent même aux loix du sang, & se prennent seulement par le bien qu'on leur fait.

XVI. *La Cigale & le Hibou.*

C'est le plus sûr parti d'obliger tout le monde.

CELUI qui ne veut point avoir de complaisance pour les autres, porte souvent la peine de son orgueil. ¶ Une Cigale par son chant aigu incommodoit fort un Hibou, accoutumé à chercher de quoi vivre durant la nuit, & à dormir pendant le jour dans le creux d'un arbre. Il la pria donc de se taire ; mais elle se mit à crier beaucoup plus fort. Lui ayant fait une seconde fois la même prière, elle ne fit que s'animer encore davantage. Le Hibou voyant que les paroles ne servoient de rien, & qu'elle s'en moquoit, eut recours à la ruse, pour avoir raison de cette causeuse. Puisque, lui dit-il, je ne puis plus dormir à cause de ton chant qui est tel, que l'on croit entendre le luth d'Apollon ;

Potare est animus nectar, quod Pallas mihi

Nuper donavit; si non fastidis, veni,

Unà bibamus. Illa, quæ ardebat siti,

Simul cognovit vocem laudari suam,

Cupidè advolavit. Noctua, egressa e cavo,

Trepidantem consectata est, & leto dedit.

Sic, viva quod negârat, tribuit mortua.

XVII. ARBORES IN DEORUM TUTELA.

Fructu, non foliis, arborem æstima.

Olim, quas vellent esse in tutelâ suâ,

Divi legerunt arbores. Quercus Jovi,

Et myrtus Veneri placuit, Phœbo laurea,

Pinus Cybebæ, populus celsa Herculi.

Minerva, admirans quare steriles sumerent,

Interrogavit. Causam dixit Jupiter:

Honore fructum ne videamur vendere.

At, me Hercule, narrabit quod quis voluerit,

Oliva nobis, propter fructum, est gratior.

Tunc sic deorum geniter atque hominum sator.

je fuis réfolu de paffer le temps à boire ; j'ai
du nectar délicieux que Pallas elle-même m'a
donné depuis quelques jours ; fi tu le trou-
ves digne de toi, tu peux venir, & nous
boirons enfemble. La Cigale, qui avoit une
foif ardente, n'eut pas plutôt entendu louer
fa voix, qu'elle vola vers lui, pleine de
belles efpérances ; mais le Hibou, fortant
de fon trou, la pourfuivit toute déconcer-
tée, & la tua. Ainfi elle lui donna, par fa
mort, le repos qu'elle lui avoit refufé durant
fa vie.

XVII. *Des arbres choifis par les Dieux.*

Il faut eftimer l'arbre par les fruits, & non par les
feuilles.

AUTREFOIS les Dieux choifirent certains
Arbres qu'ils voulurent avoir fous leur protection. Jupiter choifit le chêne ; Vénus, le
myrthe ; Apollon, le laurier ; Cybèle, le
pin ; Hercule, le haut peuplier. Minerve
s'étonnant de ce qu'ils prenoient des arbres
ftériles, en demanda la raifon. C'eft, dit
Jupiter, afin que l'on ne dife pas que nous
fommes d'honnêtes marchands, & que nous
donnons du fruit aux hommes, pour leur
payer le culte qu'ils nous rendroient en ho-
norant ces arbres. Chacun en dira ce qu'il

57 58 62 61 59 60
O gnata, meritò sapiens dicere omnibus :
69 66 71 70 67 68 65 64 63
Nisi utile est quod facimus, stulta est gloria.
75 74 76 77 78 72 73
Nihil agere quod non prosit fabella admonet.

XVIII. PAVO AD JUNONEM.

Tuis contentus, ne concupiscas aliena.

1 3 4 2 6 5
Pavo ad Junonem venit, indigné ferens
11 12 7 10 8 9
Cantus luscinii quòd sibi non tribuerit :
13 14 16 17 15
Illum esse cunctis avibus admirabilem ;
18 19 20 21 23 22
Se derideri, simul ac vocem miserit.
24 28 27 26 25
Tunc, consolandi gratiâ, dixit dea :
29 31 30 32 33
Sed formâ vincis, vincis magnitudine ;
34 35 37 36 38
Nitor smaragdi collo præfulget tuo,
41 39 40 44 43 42
Pictisque plumis gemmeam caudam explicas.
45 49 46 48 47 50 51 52
Quò mi, inquit, mutam speciem, si vincor sono?
58 57 53 55 56 54
Fatorum arbitrio partes sunt vobis datæ :
60 59 61 62 64 63
Tibi forma, vires aquilæ, luscinio melos,

lui plaira , dit Minerve ; mais , pour moi,
j'aime aſſurément beaucoup mieux l'olivier,
à cauſe de ſon fruit. Alors le père des Dieux
& des hommes lui dit : O ma fille ! c'eſt
avec raiſon que tout le monde parle de
votre ſageſſe ; car ſi ce que nous faiſons
n'eſt accompagné de quelque avantage , c'eſt
une folie d'y chercher de la gloire. ¶ Cette
fable nous avertit de ne rien faire qui ne ſoit
utile.

XVIII. *Le Paon qui ſe plaint à Junon.*

Content de ce qui t'appartient , n'envie point les
avantages des autres.

LE Paon vint un jour tout indigné ſe plaindre à Junon de ce qu'elle ne lui avoit pas
donné une voix auſſi belle que celle du Roſ-
ſignol ; que cet oiſeau ſe faiſoit admirer de
tous les autres , au lieu qu'on ſe moquoit de
lui auſſi-tôt qu'il ſe faiſoit entendre. La
Déeſſe , pour le conſoler , lui répondit : Mais
vous ne dites point que vous ſurpaſſez en
beauté & en grandeur tous les autres oiſeaux.
Votre cou jette un éclat qui égale celui des
émeraudes , & vos plumes ſont ſi bien pein-
tes , que votre queue , quand vous l'étalez,
offre un tiſſu de pierres précieuſes. A quoi
me ſert , dit le Paon , une beauté muette,

65   66   68   69   67

Augurium corvo, læva cornici omina ;

71 70   75   72   73   74

Omnesque propriis sunt contentæ dotibus.

76   77   78 82 79 81 80

Noli adfectare quod tibi non est datum,

85   83 84 87   88   86

Delusa ne spes ad querelam recidat.

XIX. ÆSOPUS AD GARRULUM.

Multi homines nomine, non re.

  1   6   2   3   4   5

ÆSOPUS domino solus cùm esset familia,

9   10   7 8   11

Parare cœnam jussus est maturius.

14   12   13   16   15   17

Ignem ergo quærens, aliquot lustravit domos;

19   18   20   21   23   22

Tandemque invenit ubi lucernam accenderet.

24   29   27 25 26   28

Tum circumeunti fuerat quòd iter longius,

30   31   32   35 36 37

Effecit brevius, namque rectà per forum

33   34   38   39   41 42   40

Cœpit redire. Et quidam e turbâ Garrulus:

43   47   48   44 45   46

Æsope, medio sole, quid cum lumine?

50   51   49 52 54 53   55

Hominem, inquit, quæro. Et abit festinans domum.

fi d'autres ont fur moi l'avantage de la voix?
L'ordre fuprême des deftins, reprit Junon,
vous a fait à chacun vos parts : ils vous ont
donné la beauté ; à l'Aigle, la force ; au
Roffignol, une voix douce & harmonieufe ;
au Corbeau, la propriété de marquer de
bons augures ; à la Corneille celle d'annon-
cer les heureux préfages ; & chacun de ces
oifeaux eft content des avantages qu'ils ont
reçus. ¶ Ne défirez donc pas ce que la nature
ne vous a point donné, de peur que vos
efpérances trompées ne fe réduifent enfin à
des plaintes inutiles.

XIX. *Réponfe d'Éfope à un mauvais Plaifant.*

Plufieurs ne font hommes que de nom.

ÉSOPE appartenant à un Maître qui n'avoit
que lui pour tous valets, reçut ordre un jour
d'apprêter le fouper plutôt qu'à l'ordinaire.
Ayant donc cherché du feu, de maifon en
maifon, il trouva à la fin où allumer fa chandelle ; mais, comme il avoit fait un trop
grand circuit en allant de côté & d'autre, il
abrégea fon chemin, & vint paffer tout droit
au travers du marché. Un mauvais Plaifant,
du milieu de la foule, lui dit en le voyant :
Éfope, que cherches-tu ici en plein midi
avec ta chandelle ? Je cherche un homme,

Hoc fi moleftus ille ad animum retulit ;

Senfit profecto fe hominem non vifum feni,

Intempeftivè qui occupato adluferit.

EPILOGUS.

POETA.

Bis dat, qui citò dat.

SUPERSUNT mihi quæ fcribam, fed parco fciens;

Primùm effe ne tibi videar moleftior,

Deftringit quem multarum rerum varietas ;

Dein, fi quis eadem fortè conari velit,

Habere ut poffit aliquid operis refidui :

Quamvis materiæ tanta abundet copia,

Labori faber ut defit, non fabro labor.

Brevitatis noftræ præmium ut reddas peto

Quod es pollicitus : exhibe vocis fidem ;

Nam vita morti propior eft quotidie,

Et hoc minùs veniet ad me muneris,

reprit-il ; & fans s'arrêter, il fe rendit au logis. ¶ Si cet importun fit attention à ces paroles , il vit bjen que ce vieillard ne l'a-voit pas pris pour un homme , & qu'il s'é-toit attiré cette réponfe , pour avoir voulu rire à contre-temps avec lui , & au moment qu'il avoit affaire.

EPILOGUE.

LE POÈTE.

C'eft donner deux fois , que de le faire promp-tement.

IL me refte encore des fables à écrire, mais je les laiffe à deffein. Premièrement , pour ne pas vous importuner dans le grand nom-bre d'affaires qui vous occupent; & de plus ; afin que fi quelqu'un veut s'exercer fur un pareil fujet, il lui refte quelque chofe à trai-ter, quoiqu'on puiffe dire que cette matière eft fi fertile & fi abondante, que l'ouvrier manque plutôt à l'ouvrage , que l'ouvrage à l'ouvrier. Je vous prie donc de m'accorder, en faveur de ma briéveté, la récompenfe que vous m'avez promife. Faites-moi voir par des effets la vérité de vos paroles ; car tous les jours nous avançons vers la mort,

63 66 65 67 64
Quò plus consumet temporis dilatio.
74 77 76 75 78 79 80
Si citò rem perages, usus fiet longior :
81 82 83 85 84
Fruar diutiùs, si celeriùs cœpero.
90 89 86 91 87 88
Languentis ævi dum sunt aliquæ reliquiæ,
94 92 93 95 3 2
Auxilio locus est : olim senio debilem
99 1 97 98 96
Frustra adjuvare bonitas nitetur tua,
4 5 7 8 6 9
Cùm jam desierit esse beneficium utile,
10 11 12 13 14
Et mors vicina flagitabit debitum.
15 16 18 17 19
Stultum admovere tibi preces sexcenties,
23 24 20 22 21
Proclivis ultrò cùm sit misericordia.
25 28 29 27 26
Sæpe impetravit veniam confessus reus,
30 34 31 32 33
Quantò innocenti justiùs debet dari !
37 36 35 39 40 38
Tuæ sunt partes, fuerunt aliorum priùs
40 42 41 45 44 43
Dein simili gyro venient aliorum vices.
47 48 49 51 50 52
Decerne quod religio, quod patitur fides,
53 56 55 54 58 57
Et gratulari me fac judicio tuo.
60 59 62 63 61
Excedit animus quem proposuit terminum;
64 75 74 65
Sed difficulter continetur spiritus,
67 69 68 66
Integritatis qui sinceræ conscius
71 73 70 72
A noxiorum premitur insolentiis.
77 78 76 79 80
Qui sint requiris; apparebunt tempore.
84 90 89 88 91 87
Ego, quondam legi quam puer, sententiam:

le plus vous perdrez de temps à différer, moins je me sentirai de vos faveurs. Si vous ne faites du bien de bonne heure, l'usage en sera plus long ; & si je le reçois plutôt, j'aurai plus de temps pour en jouir. Pendant qu'il me reste encore quelques années d'une vie languissante, votre secours peut m'être utile. Il viendra un temps où je serai accablé de vieillesse ; & ce sera en vain que votre bonté s'efforcera de m'assister, quand je ne pourrai plus retirer aucun fruit de vos bien-faits, & que la mort prochaine exigera de moi le tribut qui lui est dû.

Regardez, j'y consens, comme une folle indiscrétion les instances que je vous fais, puisque d'ailleurs votre naturel indulgent se porte volontiers à m'accorder ce que je vous demande. Souvent les coupables, en avouant leurs fautes, en ont obtenu le pardon ; com-bien est-il plus juste d'absoudre ceux qui sont innocens. C'est à vous de commencer, les autres vous suivront ; & chacun à son tour s'acquittera de ce qu'il doit. Prononcez dans cette affaire, comme l'exigent la conscience & la bonne-foi ; & faites en sorte que j'aie lieu de vous rendre graces de votre jugement. J'excède les bornes que je m'étois prescrites ; mais il est difficile de se posséder à une ame convaincue de sa parfaite innocence, & qui

93   92   96   95   94
Palàm mutire plebeio periculum est,
81   82   83   86   85
Dum sanitas constabit , pulchrè meminere.

& plus vous perdrez de temps à différer, moins je me fentirai de vos faveurs. Si vous me faites du bien de bonne heure, l'ufage en fera plus long ; & fi je le reçois plutôt, j'aurai plus de temps pour en jouir. Pendant qu'il me refte encore quelques années d'une vie languiffante, votre fecours peut m'être utile. Il viendra un temps où je ferai accablé de vieilleffe ; & ce fera en vain que votre bonté s'efforcera de m'affifter, quand je ne pourrai plus retirer aucun fruit de vos bienfaits, & que la mort prochaine exigera de moi le tribut qui lui eft dû.

Regardez, j'y confens, comme une folle indifcrétion les inftances que je vous fais, puifque d'ailleurs votre naturel indulgent fe porte volontiers à m'accorder ce que je vous demande. Souvent les coupables, en avouant leurs fautes, en ont obtenu le pardon ; combien eft-il plus jufte d'abfoudre ceux qui font innocens. C'eft à vous de commencer, les autres vous fuivront ; & chacun à fon tour s'acquittera de ce qu'il doit. Prononcez dans cette affaire, comme l'exigent la confcience & la bonne-foi ; & faites en forte que j'aie lieu de vous rendre graces de votre jugement. J'excède les bornes que je m'étois prefcrites ; mais il eft difficile de fe poffeder à une ame convaincue de fa parfaite innocence, & qui

PHÆDRI FABULARUM

LIBER QUARTUS.

PROLOGUS.

POETA AD PARTICULONEM.

Cum deſtinaſſem operis habere terminum,

In hoc, ut aliis eſſet materiæ ſatis,

Conſilium tacito corde damnavi meum.

Nam ſi quis talis etiam eſt tituli artifex,

Quo pacto divinabit quidnam omiſerim,

Ut illud ipſum cupiam famæ tradere,

Sua cuique cùm ſit animi cogitatio,

Colorque proprius? Ergo non levitas mihi,

Sed certa ratio, cauſam ſcribendi dedit.

Quare, Particulo, quoniam caperis fabulis

Quas Æſopeas, non Æſopi, nomino,

Quaſi paucas oſtenderit, ego plures diſſero,

Uſus vetuſto genere, ſed rebus novis.

Quartum libellum dum tu varie perleges,

FABLES DE PHEDRE,

LIVRE QUATRIEME.

PROLOGUE.

LE POÈTE A PARTICULON.

J'AVOIS résolu de mettre fin à mon ouvrage pour ne pas épuiser la matière, & laisser quelque chose à faire aux autres; mais j'ai depuis condamné ce dessein en moi-même; car s'il se trouve encore quelqu'un qui veuille s'exercer sur le même sujet, comment pourra-t-il discerner ce que j'ai omis, dans la vue de lui donner lieu d'acquérir à son tour de la réputation ? & de plus, chacun a des pensées qui lui sont propres, & un genre particulier. Ce n'est donc point par inconstance, mais par de bonnes raisons que je me remets à écrire. C'est pourquoi, mon cher Particulon, puisque vous vous plaisez à ces fables que j'avoue être faites à l'imitation de celles d'Ésope, mais que je puis être n'être point de lui: comme il n'en a produit qu'un petit nombre, j'en donne beaucoup d'autres, & j'imite son ancienne

87   86   83   85   84
Hunc obtrectare si volet malignitas,

93   90   91   92   88   89
Imitari dum non possit, obtrectet licet.

97   95   94   96   98   99   1   2   3
Mihi parta laus est, quòd tu, quòd similes tui,

8   7   9   6   4   5
Vestras in chartas verba transfertis mea,

12   10   14   11   13
Dignumque longâ judicatis memoriâ:

17   19   16   18   15
In litterarum ire plausum desidero.

PRÆFATIO.

3   2   1   4   5   6
JOCULARE tibi videtur; & sané leve,

9   11   10   12   8   7
Dum nil habemus majus, calamo ludimus:

13   15   14   16   17
Sed diligenter intuere has nænias.

18   21   22   19   20
Quantùm sub his utilitatis reperies!

23   25   26   24   27   28   31
Non semper ea sunt quæ videntur : decipit

30   29   32   34   33   35
Frons prima multos; rara mens intelligit,

36   40   38   37   39
Quod interiore condidit cura angulo.

44   41   43   45   46   42
Hoc ne locutus sine mercede existimer,

48   47   49   50   51   52
Fabellam adjiciam de Mustelâ & Muribus.

maniére

manière d'écrire, en traitant des sujets tout
nouveaux.

Pendant que, de votre côté, vous lirez,
dans vos momens de loisir, mon quatrième
livre, si des gens mal intentionnés veulent
censurer celui-ci, je le permets, pourvu qu'ils
n'en puissent faire autant. Je me tiens assez
honoré de ce que vous & d'autres personnes
de votre mérite, ne dédaignez pas de faire
entrer dans vos écrits quelques-unes de mes
expressions, & de ce que vous me jugez
digne de vivre dans la mémoire des hommes.
Je borne tous mes désirs à l'approbation des
gens de lettres, & à leurs applaudissemens.

PRÉFACE.

Vous regardez ceci comme un jeu & un
amusement ; & sans doute vous avez raison :
car je badine avec la plume, quand je n'ai
rien de plus sérieux à faire. Cependant si
vous examinez attentivement ces bagatelles,
combien d'avantages y trouverez-vous ren-
fermés ? Les choses ne sont pas toujours ce
qu'elles semblent être. Bien des gens se lais-
sent tromper par la première apparence ;
toutes sortes d'esprits ne sont pas capables
de comprendre ce que l'Auteur a pris soin
de cacher dans les replis secrets & ingénieux

H

FABULA I.

MUSTELA ET MURES.

Astutus astu non capitur.

$\overset{1}{\text{M}}$USTELA, cùm, $\overset{6}{\text{annis}}$ $\overset{3}{\text{\&}}$ $\overset{4}{\text{senectâ}}$ $\overset{5}{\text{debilis}}$ $\overset{2}{,}$

$\overset{10}{\text{Mures}}$ $\overset{11}{\text{veloces}}$ $\overset{7}{\text{non}}$ $\overset{8}{\text{valeret}}$ $\overset{9}{\text{adsequi}}$,

$\overset{12}{\text{Involvit}}$ $\overset{13}{\text{se}}$ $\overset{14}{\text{farinâ}}$, $\overset{15}{\text{\&}}$ $\overset{19}{\text{obscuro}}$ $\overset{18}{\text{loco}}$

$\overset{16}{\text{Abjecit}}$ $\overset{17}{\text{negligenter.}}$ $\overset{20}{\text{Mus}}$, $\overset{22}{\text{escam}}$ $\overset{21}{\text{putans}}$,

$\overset{23}{\text{Adsiluit}}$, $\overset{24}{\text{\&}}$ $\overset{25}{\text{compressus}}$ $\overset{26}{\text{occubuit}}$ $\overset{27}{\text{neci}}$:

$\overset{28}{\text{Alter}}$ $\overset{29}{\text{similiter:}}$ $\overset{30}{\text{deinde}}$ $\overset{32}{\text{periit}}$ $\overset{31}{\text{tertius.}}$

$\overset{33}{\text{Aliquot}}$ $\overset{34}{\text{secutis}}$, $\overset{43}{\text{venit}}$ $\overset{35}{\text{\&}}$ $\overset{36}{\text{retorridus}}$,

$\overset{37}{\text{Qui}}$ $\overset{39}{\text{saepe}}$ $\overset{40}{\text{laqueos}}$ $\overset{41}{\text{\&}}$ $\overset{42}{\text{muscipula}}$ $\overset{38}{\text{effugerat}}$;

$\overset{46}{\text{Proculque}}$ $\overset{44}{\text{insidias}}$ $\overset{47}{\text{cernens}}$ $\overset{45}{\text{hostis}}$ $\overset{48}{\text{callidi}}$:

$\overset{54}{\text{Sic}}$ $\overset{53}{\text{valeas}}$, $\overset{52}{\text{inquit}}$, $\overset{55}{\text{ut}}$ $\overset{57}{\text{farina}}$ $\overset{56}{\text{es}}$, $\overset{50}{\text{quae}}$ $\overset{51}{\text{jaces.}}$

de ces fables. Mais, pour ne pas paroître avoir avancé ceci, fans être en état de le prouver & de payer comptant le lecteur, je vais raconter une fable de la Belette & des Souris.

***

FABLE I.

La Belette & les Souris.

Un homme habile ne fe laiffe point prendre au piége qu'on lui tend.

Une Belette, affoiblie par les années & la vieilleffe, ne pouvant attraper les Souris plus agiles qu'elle à la courfe, fe couvrit de farine, & s'étendit négligemment dans un endroit obfcur. Une Souris croyant que c'étoit quelque chofe de bon à manger, fe jetta deffus; mais la Belette l'ayant auffi-tôt faifie, la tua. Une feconde vint, & eut le même fort, puis une troifième qui y périt. Quelques autres encore s'étant laiffé prendre; enfin arrive une vieille toute ridée, qui s'étoit fouvent échappée des lacets & des fouricières, & qui découvrant de loin le piège adroit de fon ennemie, lui dit : Qui que tu fois, qui es étendue là-bas, puiffes-tu te porter auffi-bien qu'il eft vrai que tu es de la farine.

H 2

II. ASINUS ET GALLI.

Miferrimus qui, in vita mifer, poft mortem miferior!

1   2   3   4   5   8   6
Qui natus eft infelix, non vitam modò
9   7   10   12   13   11
Triftem decurrit, verùm poft obitum quoque
17   18   15   16   14
Perfequitur illum dura fati miferia.
19   20   23   24   22
Galli Cybebes circùm in quæftus ducere
25   21   26   27
Afinum folebant, bajulantem farcinas.
28   29   32   33   34   31   30
Is cùm labore & plagis effet mortuus,
36   35   39   37   38
Detractâ pelle, fibi fecerunt tympana.
41   40   42   43   47   46
Rogati mox a quodam, delicio fuo
44   45   50   48   49   51
Quidnam feciffent; hoc locuti funt modo :
52   53   56   57   55   54
Putabat fe poft mortem fecurum fore,
58   59   60   61   62
Ecce aliæ plagæ congeruntur mortuo.

III. VULPES ET UVA.

Spernit fuperbus quæ nequit adfequi.

3   2   1   11   9   10
Fame coacta Vulpes altâ in vineâ
8   7   6   4   5
Uvam adpetebat, fummis faliens viribus:
16   15   12   13   14   17   18
Quam tangere ut non potuit, difcedens ait:
19   21   22   20   23   25   24
Nondum matura eft, nolo acerbam fumere.

II. *L'Ane & les Prêtres de Cybèle.*

C'est être souverainement malheureux que de l'être après la mort, lorsqu'on l'a été pendant la vie.

CELUI qui est né malheureux, souffre non-seulement pendant le cours de sa vie, mais il éprouve même après sa mort toute la rigueur du destin. ¶ Des Prêtres de Cybèle, allant de côté & d'autre à la quête, avoient coutumè de mener avec eux un Ane, sur lequel ils chargeoient tout ce qu'ils avoient à porter. Cet Ane étant mort de fatigue & de coups, ils l'écorchèrent, & firent des tambours de sa peau. Peu de temps après, un homme leur ayant demandé ce qu'ils avoient fait de leur bon ami, ils lui répondirent : Il croyoit avoir du repos au moins après sa mort; mais tout mort qu'il est, vous voyez comme les coups pleuvent encore sur lui.

III. *Le Renard & les Raisins.*

Le Glorieux méprise ce qu'il ne peut avoir.

UN Renard pressé par la faim, avoit grande envie d'une grappe de raisin, qui pendoit à une vigne assez haute, & il sautoit de toutes ses forces pour l'atteindre; mais n'y pouvant pas même toucher, il dit en se retirant : Elle

²⁶　　³²　　²⁹　³⁰　　　³¹　　　²⁸　　　²⁷
Qui , facere quæ non poſſunt , verbis elevant,
³⁴　　　³⁵　　　³³　　　　³⁶　　　　³⁷
Adſcribere hoc debebunt exemplum ſibi.

IV. EQUUS ET APER.

Vindictæ cupidus ſibi malum arceſſit.

⁸　　　　¹¹　　　⁹　　⁷　　　¹⁰　　¹²
EQUUS ſedare ſolitus quò fuerat ſitim,
¹　　⁴　　²　　³　　　　⁵　　　⁶
Dum ſeſe Aper volutat, turbavit vadum :
¹³　¹⁵　¹⁴　¹⁶　　¹⁷　　　　¹⁸　　¹⁹
Hinc orta lis, eſt. Sonipes , iratus fero,
²¹　　　²⁰　　　²²　　　　²³　　²⁵　　²⁴
Auxilium petiit hominis , quem dorſo levans,
²⁶　　²⁷　　²⁸　　　³⁴　　³²　　³³　　³⁰
Rediit ad hoſtem. Jactis hunc telis eques
²⁹　　　　³¹　　　³⁷　　³⁶　　　³⁵
Poſtquam interfecit, ſic locutus traditur :
³⁸　　⁴⁰　　　⁴¹　　　³⁹　　⁴³　　　⁴²
Lætor tuliſſe auxilium me precibus tuis,
⁴⁴　　⁴⁶　　　⁴⁵　⁴⁷　　⁴⁸　　　⁴⁹　⁵⁰　　⁵¹
Nam prædam cepi, & didici quàm ſis utilis.
⁵²　　⁵³　　⁵⁴　　⁵⁷　　　⁵⁵　　　⁵⁶
Atque ita coëgit frenos invitum pati.
⁵⁸　　　⁶⁰　　⁵⁹　　　⁶⁷　　　⁶⁶　　　⁶⁸
Tum mœſtus ille : Parvæ vindictam rei
⁶⁴　　⁶⁵　　　⁶¹　　　　⁶³　　　⁶²
Dum quæro demens, ſervitutem repperi !
⁶⁹　　　⁷²　　　　⁷¹　　　⁷⁰
Hæc iracundos admonebit fabula,
⁷⁴　　　⁷⁵　　⁷³　　⁷⁶　　⁷⁷　　　⁷⁸
Impune potiùs lædi, quàm dedi alteri.

n'eſt pas encore mûre, & je ne veux pas la cueillir verte. ¶ Ceux qui tâchent de diminuer par leurs diſcours le prix des choſes auxquelles ils ne peuvent parvenir, doivent s'appliquer cet exemple.

IV. *Le Cheval & le Sanglier.*

Il en coûte ſouvent pour ſe venger.

Un Sanglier, en ſe vautrant, troubla un gué où le Cheval avoit accoutumé d'aller boire. Cela fit une querelle entr'eux. Le Cheval en colere contre cet animal ſauvage, demanda du ſecours à l'homme; &, le prenant ſur ſon dos, il revint fort content trouver ſon ennemi. On dit que l'homme ayant tué le Sanglier à coups de traits, parla ainſi au Cheval. Je ſuis ravi de t'avoir ſecouru, comme tu m'en as prié, car j'ai fait une bonne priſe; & j'ai reconnu combien tu peux m'être utile: En diſant cela, il lui fit prendre le mors malgré qu'il en eût. Alors, le Cheval fort triſte, dit ces paroles: Inſenſé que je ſuis, pour avoir voulu me venger d'une légère injure, je ſuis tombé dans l'eſclavage. ¶ Cette fable apprend aux perſonnes colères, à ſouffrir qu'on les offenſe impunément, plutôt que de ſe rendre eſclaves de qui que ce ſoit.

V. ÆSOPUS INTERPRES TESTAMENTI.

Homines non numerandi, sed ponderandi.

PLus esse in uno sæpè, quàm in turbâ, boni,
Narratione posteris tradam brevi.
Quidam decedens tres reliquit filias;
Unam formosam, & oculis venantem viros;
At alteram lanificam, frugi, & rusticam;
Devotam vino tertiam, & turpissimam.
Harum autem matrem fecit hæredem senex
Sub conditione, totam ut fortunam tribus
Æqualiter distribuat, sed tali modo,
Ne data possideant, aut fruantur; tum simul
Habere res desierint, quas acceperint,
Centena matri conferant sestertia.
Athenas rumor implet. Mater sedula
Jurisperitos consulit : nemo expedit
Quo pacto non possideant quod fuerit datum,
Fructumve capiant : deinde, quæ tulerint nihil,
Quânam ratione conferant pecuniam.
Postquam consumpta est temporis longi mora,
Nec testamenti potuit sensus colligi;

V. *Teſtament interprété par Éſöpe.*

Il ne faut pas compter les hommes, mais exami-
ner ce qu'ils valent.

JE vais, par ce petit récit, faire voir à la
poſtérité, qu'il y a ſouvent plus..de bon ſens
dans une ſeule perſonne, que dans un grand
nombre d'autres. ¶ Un homme en mourant
laiſſa trois filles : l'une étoit belle, & ne cher-
choit qu'à engager les hommes par ſes re-
gards. L'autre s'occupoit à filer, étoit bonne
ménagère, & paſſoit ſa vie aux champs : la
troiſième étoit très-laide, & fort adonnée
au vin. Ce bon vieillard fit leur mère ſon
héritière, à condition qu'elle partageroit
également toute la ſucceſſion à ſes trois filles :
mais de telle ſorte qu'elles ne demeureroient
pas en poſſeſſion de la part qui leur ſeroit
échue ; qu'elles n'en jouiroient point, & que
lorſqu'elles ceſſeroient d'avoir ce qu'elles
auroient reçu en partage, elles donneroient
cent ſeſterces à leur mère.

Ce teſtament fit beaucoup de bruit dans
Athènes. La mère eut grand ſoin de conſul-
ter les gens de loi ; mais perſonne ne com-
prend comment il ſe peut faire que ces filles
ne poſſèdent point ce qui leur aura été donné,
& qu'il ne leur en revienne aucun profit, ni

12 11 13 14 10
Fidem advocavit, jure neglecto, parens.

15 16 17 18 19
Seponit mœchæ vestem, mundum muliebrem,

20 21 22 23
Lavationem argenteam, eunuchos, glabros:

24 25 26 27 28
Lanificæ agellos, pecora, villam, operarios,

29 30 31 32 33
Boves, jumenta, & instrumentum rusticum:

34 36 38 35 37
Potrici plenam antiquis apothecam cadis,

39 40 41 43 42
Domum politam, & delicatos hortulos.

49 48 46 44 45 47
Sic destinata dare cùm vellet singulis,

50 55 51 52 54 53
Et adprobaret populus qui illas noverat;

56 60 58 59 61 57
Æsopus mediâ subitò in turbâ constitit:

62 63 65 67 64 66
O, si maneret condito sensus patri,

68 70 69 71 77 76
Quàm graviter ferret quòd voluntatem suam

75 73 74 72
Interpretari non potuissent Attici!

79 78 80 81 82
Rogatus deinde, solvit errorem omnium.

86 87 88 89 91 90
Domum & ornamenta, cum venustis hortulis,

92 93 94 83 84 85
Et vina vetera, date lanificæ rusticæ.

2 3 4 5 6
Vestem, uniones, pedisequos, & cetera,

96 95 99 97 1 98
Illi adsignate, vitam quæ luxu trahit.

9 10 11 12 13 14
Agros, villa, & pecora cum pastoribus,

7 8 15 16 17
Donate mœchæ. Nulla poterit perpeti

18 23 20 19 21 22
Ut moribus quid teneat alienum suis!

24 26 25 27 29 28
Deformis cultum vendet, ut vinum paret;

comment elles pourront donner de l'argent à leur mère, si elles ne retirent rien de la succession. Un temps considérable s'étant passé, sans que personne pût pénétrer le sens de cette disposition, la mère, laissant à part toutes les formalités du droit, suivit les seules règles de la bonne foi & de l'équité. Elle mit donc à part, pour celle qui étoit débauchée, les habits, tout ce qui sert à parer les femmes, les ustensiles d'argent qui servoient pour le bain, & les eunuques. Elle destina à celle qui s'occupoit à filer, les terres, les bestiaux, la maison de campagne, les gens de travail, les bœufs, les bêtes de somme, & les outils du ménage des champs. Enfin elle réserva, pour celle qui aimoit à boire, un cellier plein de vins vieux, une maison parfaitement belle, avec de petits jardins fort propres & de bon goût.

Comme elle se disposoit à donner à chacune le lot qu'elle lui destinoit, &, le peuple qui les connoissoit, approuvant aussi ce partage, Ésope aussi-tôt parut au milieu de l'assemblée, & s'écria : Oh ! si le père de ces filles étoit encore, après sa mort, capable de quelque sentiment, quelle douleur seroit-ce pour lui, de voir que les Athéniens n'auroient pu expliquer sa dernière volonté ? On le pria en conséquence de dire son avis, &

il expliqua ainfi ce qui avoit embarraffé tant de monde.

Donnez, dit-il, la maifon, les meubles, les beaux jardins, & le vin vieux, à celle qui s'occupe à filer, & qui aime à vivre aux champs. Les habits, les perles, les valets, & tout le refte de cette nature, donnez-les à celle qui paffe fa vie dans les feftins & la bonne chère. Et donnez à celle qui eft débauchée, les terres, les vignes, & les troupeaux avec les bergers. Pas une des trois ne pourra rien garder de contraire à fes inclinations. La laide vendra tous fes ornemens précieux pour avoir du vin. La coquette fe défera de fes terres pour acheter de quoi fe parer. Celle qui aime les troupeaux, & qui fe plaît à filer, abandonnera fa maifon de plaifir pour telle fomme que l'on voudra. De cette manière aucune d'elles ne poffédera ce qui lui aura été donné; & du prix que chacune aura tiré de la vente de fes biens, elles payeront à leur mère la fomme portée par le teftament.

Ainfi la pénétration d'un feul homme découvrit ce qui avoit échappé à l'ignorance de tant d'autres.

VI. PUGNA MURIUM ET MUSTELARUM.

Feriunt summos fulmina montes.

Cum victi Mures Mustelarum exercitu

(Historia quorum in tabernis pingitur)

Fugerent, & arctos circum trepidarent cavos ;

Ægrè recepti, tamen evaserunt necem.

Duces eorum, qui capitibus cornua

Suis ligârunt, ut conspicuum in prælio

Haberent signum, quod sequerentur milites,

Hæsere in portis, suntque capti ab hostibus ;

Quos immolatos victor avidis dentibus

Capacis alvi meriit tartareo specu.

    Quemcumque populum tristis eventus premit,

Periclitatur magnitudo principum,

Minuta plebes facili præsidio latet.

VI.   *Combat des Souris & des Belettes.*

Les hautes montagnes font les plus expofées à la
foudre.

Les Souris, vaincues par l'armée des Belet-
tes, (fujet de peintures que l'on trouve ordinairement dans les tavernes) s'enfuyoient
en défordre, & fe précipitoient toutes épou-
vantées vers leurs trous étroits; elles n'y
rentrèrent qu'avec peine, mais enfin elles
évitèrent la mort. Pour leurs capitaines,
qui s'étoient attachés fur la tête une efpèce
de cornes, afin qu'elles ferviffent aux foldats
d'enfeignes qu'ils puffent voir & fuivre dans
le combat, ils fe trouvèrent arrêtés à l'entrée
de leurs trous, & furent pris par les ennemis. Le parti victorieux les ayant immolés
entre fes dents avides, les enfevelit dans le
gouffre infernal de fon infatiable ventre. ¶
Toutes les fois qu'un évènement fâcheux
afflige une nation quelconque, les grands font
pour l'ordinaire les plus exposés au péril;
mais le petit peuple trouve aifément un lieu
pour fe mettre à couvert.

VII. POETA.

Stultus, nisi quod ipse facit, nihil rectum putat.

<pre>
   1   3   2   6   4   5
Tu qui nasutè scripta destringis mea,
  7   10   12   9   8   11
Et hoc jocorum legere fastidis genus,
  16   14   13   15
Parvâ libellum sustine patientiâ,
    19   21   17   18   20
Severitatem frontis dum placo tuæ,
 22 25   26   24   23   27
Et in cothurnis prodit Æsopus novis.
  28 29 32   34   38   37   36
Utinam nec umquam Pelii nemoris jugo
  30   35   33   31
Pinus bipenni concidisset Thessalâ,
 39 41 46   50   49   48   47
Nec ad professæ mortis audacem viam
   42   40   44   45   43
Fabricasset Argus opere Palladio ratem,
    56   52   51   55   54
Inhospitalis prima quæ Ponti sinus
  53   57   58   59   60   61
Patefecit, in perniciem Graiûm & Barbarûm!
  62   63   65   67   66   64
Namque & superbi luget Aëtæ domus,
 68   69   70   72   73   71
Et regna Peliæ scelere Medeæ jacent:
  74   79   78   77   75   76
Quæ sævum ingenium variis involvens modis,
 80   83   84   85   81   82
Illic per artus fratris explicuit fugam,
 86   90   91   89   87   88
Hîc cæde patris Peliadum infecit manus.
  92 94   93   95   96   98   97 99
Quid tibi videtur? Hoc quoque insulsum est, ais,
    3   1   2   6   4   7
Falsòque dictum; longè quia vetustior
 11   5   9   8   10
Ægea Minos classe perdomuit freta,
</pre>

VII. *Le Poète.*

Les fots ne trouvent rien de bien que ce qu'ils font eux-mêmes.

ESPRIT rafiné, qui cenfurez à la rigueur mes écrits, & qui ne trouvez aucun goût à ces fortes d'amufemens, foutenez encore avec un peu de patience la lecture de ce petit livre, tandis que j'effayerai d'adoucir votre humeur un peu trop févère, & qu'Éfope paroîtra fur la fcène, chauffé du cothurne, chofe nouvelle pour lui.

Plût aux dieux, que dans la forêt qui couvre le haut du mont Pélion, les pins de Theffalie n'euffent jamais fuccombé fous les coups de la hache; & que jamais Argus n'eût eu la témérité de frayer le chemin à une mort certaine, en fabriquant, avec le fecours de Pallas, un vaiffeau qui, le premier, fendit les flots d'une mer orageufe, pour la ruine commune des Grecs & des Barbares; car de-là font venus les malheurs qui ont rempli de deuil la maifon du fuperbe Éétès; & ceux de Pélias, dont le royaume a été renverfé par le crime de Médée, qui, déguifant par divers artifices fon caractère cruel & fanguinaire, là, marqua les traces de fa fuite par les membres épars de fon

I 3

Jnstoque vindicavit exemplo impetum.

Quid ergo possium facere tibi, lector Cato,

Si nec fabellæ te juvant, nec fabulæ?

Noli molestus esse omnino litteris,

Majorem exhibeant ne tibi molestiam.

Hoc illis dictum est, qui stultitiam nauseant

Et, ut putentur sapere, cœlum vituperant.

VIII. VIPERA ET LIMA.

Maledico maledicens pejus audiet.

MORDACIOREM qui improbo dente adpetit,
Hoc argumento se describi sentiat.
In officinam fabri venit Vipera.

frère ; ici, porta les filles de Pélias à fouiller leurs mains du fang de leur propre père.

Que vous femble de ce récit ? Il eft plat, me dites-vous, & contient une fauffeté : car long-temps avant ce voyage des Argonautes, Minos dompta la violence de la mer Égée, en la couvrant de fa flotte ; & tira de l'attentat, commis contre fon fils, une vengeance auffi jufte qu'éclatante.

Que puis-je donc faire pour vous, mon cher lecteur, qui faites tant le difficile & le Caton, fi vous ne goûtez ni les petits récits d'Éfope, ni les grands fujets dont retentiffent les théâtres ? Je vous confeille de ne point pouffer à bout la patience des gens de lettres ; de peur qu'à leur tour ils ne vous faffent beaucoup plus de peine. ¶ J'ai dit ceci pour ces petits efprits qui affectent fottement de faire les délicats ; & qui pour paroître avoir du goût, portent leur cenfure jufques dans le ciel même.

VIII. *La Vipère & la Lime.*

Un médifant en trouve de plus médifant que lui.

CELUI dont la dent envenimée s'attaque à un autre qui fait mordre encore mieux que lui, peut voir que c'eft fon portrait que l'on fait dans cette fable. ¶ Une Vipère entra

I 4

16 17   18   19 20 21 23   22
Hæc cùm tentaret si qua res esset cibi,

25 24   26 27   28
Limam momordit. Illa contrà contumax:

31 35   29   30   34   32   33
Quid me, inquit, stulta, dente captas lædere,

39 37   40   36   38
Omne adsuevi ferrum quæ corrodere?

IX. VULPES ET HIRCUS.

Improbi, ne pereant, perdunt.

3   5   6   1 2 4   7
Homo, in periclum simul ac venit, callidus

9   10   12   8   11
Reperire effugium alterius quærit malo.

15   16   13   17   18   14
Cùm decidisset Vulpes in puteum inscia,

19 22   20   21
Et altiore clauderetur margine;

25   23   24   26   27   28
Devenit Hircus sitiens in eumdem locum,

29   30   33   31   34   32
Simul rogavit esset an dulcis liquor

35   36   37   39   38
Et copiosus. Illa, fraudem moliens:

40   41   45   42   44   43
Descende, amice; tanta bonitas est aquæ,

48   46   51   49   50   47
Voluptas ut satiari non possit mea.

53   54   52   55   56
Immisit se barbatus. Tum Vulpecula

60   61   57   59   58
Evasit puteo, nixa cellis cornibus,

64   62   67   63   65   66
Hircumque clauso liquit hærentem vado.

dans la boutique d'un Serrurier ; & cherchant fi elle n'y trouveroit rien à manger, elle fe mit à ronger une Lime ; mais celle-ci de fon côté réfiftant à tous fes efforts, lui dit : Infenfée que tu es, prétends-tu me bleffer avec tes dents, moi qui ai accoutumé de ronger le fer le plus dur ?

IX. *Le Renard & le Bouc.*

Les Méchans, pour fe tirer du péril, y précipitent les autres.

LORSQU'UN homme fe voit dans un grand péril, il cherche à s'en tirer, au préjudice d'un autre. ¶ Un Renard étant tombé par mégarde dans un puits ; & ne pouvant en fortir, parce que le bord étoit trop haut ; un Bouc qui avoit foif, vint au même endroit, & demanda au Renard fi l'eau étoit bonne, & s'il y en avoit beaucoup. Celui-ci, pour le faire tomber dans le piège, lui dit : Defcends, cher ami ; l'eau eft fi bonne, & j'ai tant de plaifir à en boire, que je ne puis m'en laffer. Le Bouc fauta auffi-tôt en bas : le Renard alors, grimpant fur fes hautes cornes, fe tira hors du puits, & laiffa au fond le Bouc fort embarraffé.

I 5

X. PERA.

Fallit quemque cæcus amor fui.

P⁵ERAS impofuit Jupiter nobis duas :
Propriis repletam vitiis poft tergum dedit ,
Alienis ante pectus fufpendit gravem.
  Hâc re videre noftra mala non poffumus :
Alii fimul delinquunt , cenfores fumus.

XI. FUR ARAM COMPILANS.

Invenit Deus maleficum.

Lucernam Fur accendit ex arâ Jovis ,
Ipfumque compilavit ad lumen fuum.
Onuftus qui facrilegio cùm difcederet ,
Repentè vocem fancta mifit Religio :
Malorum quamvis ifta fuerint munera ,
Mihique invifa , ut non offendar fubripi ;
Tamen , fcelefte , fpiritu culpam lues ,
Olim cùm adfcriptus venerit pœnæ dies.
Sed ne ignis nofter facinori præluceat ,

X. *La Besace.*

Notre amour-propre nous aveugle.

JUPITER nous a fait naître avec une Besace sur l'épaule ; il a rempli la poche de derrière de nos propres défauts ; & il a mis dans celle de devant les défauts de tous les autres. ¶ C'est ce qui fait que nous ne pouvons voir les fautes que nous faisons nous-mêmes, & que nous sommes si prompts à reprendre les autres, lorsque nous les voyons manquer en quelque chose.

XI. *Le Voleur qui pille un autel.*

Celui qui fait le mal ne peut échapper à Dieu.

UN Voleur alluma sa lampe à l'autel de Jupiter, & pilla son temple à la lueur de sa propre lumière. Comme il se retiroit chargé de son butin sacrilège, la divinité de ce lieu saint fit entendre ces paroles : Quoique ces offrandes m'aient été faites par des méchans, & qu'elles me soient odieuses, au point que je ne ressente aucune peine de te les voir dérober ; néanmoins, scélérat que tu es, tu expieras ton impiété par ta mort, quand le jour destiné pour ton supplice sera venu. Mais afin que le feu qui brûle sur nos autels,

I 6

52 53 57 55 54 56
Per quem verendos excolit pietas deos,
58 62 59 61 63
Veto esse tale luminis commercium.
6 64 65 68 70 71 72
Ita hodie, nec lucernam de flammâ deûm,
73 75 76 67 65 69 74
Nec de lucernâ fas est accendi sacrum.
85 86 88 81 82 87
Quot res contineat hoc argumentum utiles,
83 84 77 78 79 80
Non explicabit alius quàm qui repperit.
90 89 95 91 92 93
Significat primò, sæpè, quos ipse alueris,
98 94 96 97
Tibi inveniri maximè contrarios.
99 1 2 4 5 6
Secundò ostendit, scelera, non irâ deûm,
10 9 7 3 8
Fatorum dicto sed puniri tempore.
11 12 13 19 20
Novissimè interdicit ne cum malefico
16 14 15 17 18
Usum bonus consociet ullius rei.

XII. HERCULES ET PLUTUS.

Opes irritamenta malorum.

1 3 6 2 5 4
Opes invisæ meritò sunt forti viro,
7 9 8 12 11 10
Quia dives arca veram laudem intercipit.
15 14 16 17 13
Cœlo receptus propter virtutem Hercules,
18 21 19 20
Cùm gratulantes persalutasset deos,

& par lequel la piété des hommes honore la majesté des dieux, ne luise plus en faveur du crime : je défends que l'on y vienne ainsi désormais emprunter de la lumière. De-là vient qu'il n'est plus permis aujourd'hui d'allumer la lampe au feu qui brûle en l'honneur des dieux, ni d'allumer même ce feu sacré à une lumière prophane. ¶ Il n'y a que celui qui a inventé ce récit, qui puisse expliquer combien d'instructions utiles il renferme. Il nous marque premièrement que ceux que nous avons nourris & élevés, deviennent souvent nos plus grands ennemis. Il nous montre en second lieu, que la punition des crimes ne suit pas aussi-tôt la colère des dieux, mais qu'elle n'a lieu qu'au temps marqué par les destins. Enfin il avertit les gens de bien de n'avoir commerce avec les méchans pour quelque chose que ce puisse être.

XII. *Hercule & Plutus.*

Le desir de s'enrichir fait commettre bien des crimes.

C'EST avec raison qu'un homme de cœur méprise les richesses, parce qu'elles dérobent souvent la gloire véritable qui n'est due qu'à la vertu. ¶ Hercule ayant été reçu dans le

[27] [22] [23] [26] [24] [25]
Veniente Pluto, qui Fortunæ est filius,
[28] [29] [32] [31] [30]
Aversit oculos. Causam quæsivit Pater:
[33] [35] [34] [36] [39] [38] [37]
Odi, inquit, illum, quia malis amicus est;
[41] [40] [45] [43] [42] [44]
Simulque objecto cuncta corrumpit lucro.

XIII. LEO REGNANS.

Sinceritas laudanda.

[3] [4] [1] [2] [5] [7] [6]
Utilius homini nihil est quàm rectè loqu
[11] [12] [10] [8] [9]
Probanda cunctis est quidem sententia;
[13] [17] [18] [15] [16] [14]
Sed ad perniciem solet agi sinceritas.
[20] [22] [24] [23] [21] [19]
Cùm se ferarum regem fecisset Leo,
[25] [29] [26] [28] [27]
Et æquitatis vellet famam consequi,
[31] [33] [30] [32]
A pristinâ deflexit consuetudine,
[34] [38] [39] [37] [35] [36]
Atque inter illas, tenui contentus cibo,
[42] [44] [41] [40] [43]
Sancta incorruptâ jura reddebat fide.
[45] [46] [49] [47] [50] [48]
[Pax alta raraque vigebat concordia
[56] [52] [55] [54] [53] [51]
Quam dura fregit jejuni regis fames.
[58] [57] [60] [59] [51] [62]
Latrante stomacho vique effetâ corporis,
[65] [64] [63] [67] [66]
Angi se finxit faucium ægritudine.
[68] [71] [72] [73] [69] [70]
Statim adstantes de morbo interrogat feras.

ciel à caufe de fa vertu ; il falua tous les
dieux qui venoient lui en faire compliment.
Le dieu Plutus, qui eft le fils de la Fortune,
y étant auffi venu, Hercule détourna les
yeux. Son père Jupiter lui en demanda le
fujet : Je le hais, dit-il, parce qu'il eft ami
des méchans, & que par le gain qu'il propofe, il met la corruption par-tout.

XIII. *Le Lion Roi.*

Rien n'eft plus eftimable que la fincérité.

Il n'y a rien de plus utile à l'homme, que
de parler fincèrement, & fans artifice. Cette
maxime eft reçue & approuvée de tout le
monde ; mais fouvent on fe fert de la fincérité des gens, pour les conduire à leur perte.
¶ Le Lion s'étant fait roi des bêtes fauvages,
& voulant acquérir la réputation de prince
équitable, prit une conduite toute différente
de celle qu'il avoit tenue autrefois ; & fe
contentoit d'un affez petit ordinaire : il rendoit la juftice avec une intégrité inviolable.
Une paix profonde, & un accord bien rare
étoient le prix de fa modération. Mais la faim
cruelle vint bientôt tourmenter le malheureux
Monarque. Pour appaifer fon appetit dévo-
rant, & réparer fes forces épuifées, il feignit
d'être affligé d'un mal à la gorge. Il interroge

77   76   78   79   81   80
Illi proximus, & adflatus tetro halitu,
84   83   82 74   75
Putere fauces ait ursus sincerior :
89   88   86 87   85
Odiosæ veritatis brevi pœnas luit.
91 92 93   94   95   90
Timens & adulans contra jactat simius
98 99 1   2   97   96
Et casiam & cinnamum exhalare principem :
7   4   5   6   3
Subitâ discerptum est laniená mendacium.
8 10   9   11 12 15   13
Tum cauta vulpis orat ut suam Leo
16   14   20 19 21 23
Infirmitatem excuset, mucumque & malam
18   17   22   24 26
Tenere nares pituitam, quæ sibi
27   25   30 31 28   29
Olfactum impediat. Hâc arte evasit necem.
37   38   32 33 34
  Nocuere multis veritas & falsitas
35   36   39 42 41   40
Cum principibus, & potior sæpe argutia.]

XIV. CAPELLÆ ET HIRCI.

Pares, non habitus, fed virtus facit.

6   1   2   3   4 5
Barbam Capellæ cùm impetrassent ab Jove,
7   8   10   9
Hirci mærentes indignari cœperant
11   15   12   13   14
Quòd dignitatem fœminæ æquassent suam :
16 17 18   20 21 19
Sinite, inquit, illas gloriâ vanâ frui,
22 23 25 24   26
usurpare vestri ornatum muneris,

ur fa fituation les bêtes qui l'entourent.
L'Ours qui fe trouve à fon côté, avoue,
avec trop de fincérité, qu'il s'en exhale une
odeur fétide. Il tombe auffi-tôt victime d'une
vérité qui ne paroiffoit pas agréable. Le
Singe alors, rempli de terreur, affure au
contraire que l'on refpire auprès du Prince
une odeur fuave & divine. Il eft de fuite mis
en pièces, & par fa mort il expie tout ce
que l'évidence d'un tel menfonge avoit de
choquant. Le Renard, à fon tour interrogé,
prie le Lion de le difpenfer de répondre,
alléguant un grand rhume; il ne pouvoit
rien dire fans odorat. Son artifice lui fauva
la vie. ¶ C'eft fur-tout avec les hommes
puiffans qu'il faut ufer de fubtilité dans les
réponfes; car il eft fouvent dangereux, &
de dire la vérité, & de mentir.

XIV. *Les Chèvres & les Boucs.*

Ce n'eft pas l'extérieur, mais la vertu qui rend les
perfonnes femblables.

LES Chèvres ayant obtenu de Jupiter qu'elles auroient de la barbe, les Boucs s'en affli-
gèrent, & ne purent voir fans indignation
cette égalité que l'on mettoit entr'eux & leurs
femelles; mais Jupiter leur dit: Laiffez-les
jouir d'une gloire qui eft imaginaire, & ufur-

³⁰ ²⁷ ²⁸ ²⁹ ³¹ ³²
Pares dum non sint vestræ fortitudinis.

³³ ³⁴ ³⁵ ³⁶ ³⁷ ⁴¹
Hoc argumentum monet ut sustineas tibi

⁴⁵ ⁴³ ⁴⁴ ³⁸ ³⁹ ⁴² ⁴⁰
Habitu esse similes qui sint virtute impares.

XV. GUBERNATOR ET NAUTÆ.

In secundis time, in adversis spera.

² ⁴ ⁵ ¹ ³ ⁶
Cum de fortunis quidam quereretur suis,

⁷ ⁸ ¹⁰ ⁹
Æsopus finxit consolandi gratiâ.

¹² ¹⁴ ¹¹ ¹³
Vexatâ sævis navis tempestatibus,

¹⁵ ¹⁷ ¹⁶ ¹⁸ ²⁰ ¹⁹
Inter vectorum lacrymas, & mortis metum,

²³ ²⁵ ²¹ ²² ²⁴
Ferri secundis tuta cœpit flatibus,

³⁰ ²⁶ ²⁸ ²⁹ ²⁷
Nimiâque nautas hilaritate extollere,

³⁶ ³⁵ ³⁷ ³⁴ ³¹ ³³ ³²
Faciem ad serenum subitò ut mutatur dies.

⁴⁰ ⁴² ³⁸ ³⁹ ⁴¹
Factus periclo tum Gubernator sophus:

⁴⁵ ⁴⁴ ⁴³ ⁴⁶ ⁴⁸ ⁴⁷
Parcè gaudere oportet, & sensim queri,

⁵⁴ ⁴⁹ ⁵⁵ ⁵³ ⁵⁰ ⁵¹ ⁵²
Totam quia vitam miscet dolor & gaudium.

ɛr cette marque & cet ornement qui vous
ſtinguoit, pourvu qu'elles n'aient pas la
ɪême force & la même vigueur que vous.

Cette fable nous apprend à ſouffrir que
eux qui nous ſont inférieurs en mérite, nous
eſſemblent au moins en ce qui eſt de l'ex-
érieur.

XV. *Le Pilote & les Matelots.*

1 faut craindre dans la proſpérité, & eſpérer dans
la mauvaiſe fortune.

Ésope inventa cette fable pour conſoler
un homme qui ſe plaignoit du mauvais état
de ſes affaires. ¶ Un vaiſſeau étant tour-
menté par une horrible tempête; tandis que
les paſſagers ſe livroient aux pleurs & à l'ap-
préhenſion de la mort, le vent tout-à-coup
changea & devint calme. Alors le vaiſſeau
hors de péril commença d'aller à pleines
voiles, & donna lieu aux Matelots de ſe ré-
jouir avec excès; mais le Pilote, que le danger avoit rendu ſage, leur dit : Il faut ſe ré-
jouir avec modération, & ſe plaindre avec
meſure, parce que toute la vie eſt mêlée de
chagrin & de joie.

XVI. CANUM LEGATI AD JOVEM.

Nimia verecundia inverecundum facit.

Canes Legatos olim misêre ad Jovem ,

Melioris vitæ tempus oratum suæ ,

Ut sese eriperet hominum contumeliis ,

Furfuribus sibi conspersum quòd panem darent ,

Fimoque turpi maximam explerent famem.

Profecti sunt Legati non celeri pede ,

Dum naribus scrutantur escam in stercore ;

Citati non respondent. Vix tandem invenit

Eos Mercurius , & turbatos adtrahit.

Tum verò vultum magni ut viderunt Jovis ,

Totam timentes concacârunt regiam.

Propulsi verò fustibus , ruunt foras :

Vetat dimitti magnus illos Jupiter.

Mirati sibi legatos non revertier ,

Turpe æstimantes aliquid commissum a suis ,

Post aliquod tempus alios adscribi jubent.

Rumor Legatos superiores prodidit :

Timentes rursus aliquid ne simile accidat ,

Odore Canibus anum , sed multo , replent.

XVI. *Les Ambaſſadeurs des Chiens.*

Par trop de honte on bleſſe le reſpect.

Un jour les Chiens envoyèrent des Ambaſſadeurs à Jupiter, pour le ſupplier de rendre leur condition & leur vie moins malheureuſe, & de les délivrer des mauvais traitemens qu'ils recevoient des hommes, qui ne leur donnoient que du pain de ſon, ce qui les réduiſoit à ſe raſſaſier, dans leur plus grande faim, de choſes ſales & puantes. Les Ambaſſadeurs étant partis, ne firent pas grande diligence, & ils s'amuſèrent ſur la route à mettre le nez dans toutes les immondices, pour y chercher à manger. Cités enſuite devant Jupiter, ils ne comparurent point; & Mercure enfin, les ayant trouvés à grand'peine, les lui amena fort interdits. Mais dès qu'ils eurent apperçu le viſage éclatant du grand Jupiter, ſaiſis de frayeur, ils remplirent tout ſon palais de leurs ordures. On les chaſſa à coups de bâton, & ils s'enfuirent; Jupiter néanmoins défendit qu'on les renvoyât.

Cependant les autres Chiens ſurpris de ce que leurs Ambaſſadeurs ne revenoient point; & ſe doutant bien qu'ils avoient commis quelque incivilité, ils en députèrent d'autres

7   8   9   11   10
Abeunt. Rogantes aditum, continuò impetrant.

16   13   12   15   14
Confedit genitor tum deorum maximus,

18   17   19   22   21   20
Quaffatque fulmen : tremere cœpere omnia.

23   24   28   25   27   26
Canes confufi, fubitò quòd fuerat fragor,

30   31   32   33   34   29
Repentè odorem mixtum cum merdis cacant,

36   35   38   37
Reclamant omnes vindicandam injuriam.

44 43   42   40   41   39
Sic eft locutus ante pœnam Jupiter :

47   48   49   50   45   46
Legatos non eft regis non dimittere,

51 55 56   57   53   54   52
Nec eft difficile pœnas culpæ imponere :

58   60   59   62   63   61
Sed hoc feretis pro judicio præmium.

64   66   65   67   68   69
Non citò dimitti, verùm cruciari fame,

70   75   73   71   72   74
Ne ventrem continere non poffint fuum :

77 76   78   79   80 81 82
Illi autem qui miferunt hos tam futiles

83   85   84   87   86
Numquam carebunt hominis contumeliâ.

88   89   90   91   92
Mandantur antro, non dimittuntur ftatim.

93 95   98   97   94   96
Ita nunc Legatos exfpectant & pofteri ;

3 99 4   1   2   6   5
Novum & venire qui videt, culum olfacit.

quelque tems après ; mais le bruit commun
ayant publié ce qui étoit arrivé aux premiers, ils craignirent qu'un pareil accident
n'arrivât de nouveau, & ils leur emplirent le
derrière de parfums, mais en abondance.
Les nouveaux députés se mettent en route ;
arrivés ils demandent audience, & l'obtien-
nent aussi-tôt. Alors le père & le plus grand
des dieux s'assit sur son trône, & branla
son foudre ; dans le moment tout trembla.
Les Chiens effrayés de ce tremblement confus & subit, lâchèrent tout ensemble excré-
mens & parfums. Tout le monde aussi-tôt
crie qu'il faut venger cette insolence ; mais
Jupiter avant le châtiment prononça ces
paroles : Il n'est pas de l'honneur d'un roi de
violer la liberté des Ambassadeurs ; & il
n'est pas difficile d'imposer à cette faute la
peine qu'elle mérite. Je ne défends donc pas
qu'on les renvoie ; mais je veux qu'ils soient
tourmentés par la faim, de peur qu'une autre fois ils ne puissent encore retenir leur
ventre. Telle est la récompense que vous
recevrez de moi, au lieu du jugement favorable que vous étiez venus me demander.
Pour ceux qui m'ont député des sujets aussi
impertinens que vous, ils seront exposés à
jamais au mépris & aux insultes des hommes.

C'est pour cette raison, qu'aujourd'hui

XVII. HOMO ET COLUBRA.

Malo qui benefacit, pejorem facit.

Qui fert malis auxilium, poſt tempus dolet.
Gelu rigentem quidam Colubram ſuſtulit,
Sinuque fovit, contra ſe ipſe miſericors;
Namque ut refecta eſt, necuit hominem protinus.
Hanc alia cùm rogaret cauſam facinoris,
Reſpondit : Ne quis diſcat prodeſſe improbis.

XVIII. VULPES ET DRACO.

Avarus auri cuſtos, non dominus.

Vulpis cubile fodiens, dum terram eruit,
Agitque plures altiùs cuniculos,
Pervenit ad Draconis ſpeluncam ultimam,
ſtodiebat qui theſauros abditos.

encore ,

encore, les Chiens defcendus de ceux-là, attendent leurs Ambaffadeurs, & que chacun d'eux, qui en voit venir un inconnu, va lui flaire au derrière.

XVII. *L'Homme & la Couleuvre.*

Celui qui oblige un méchant, le rend plus mauvais.

CELUI qui fecourt les méchans, n'eft pas long-temps à s'en repentir. ¶ Un homme leva de terre une Couleuvre toute roide de froid; &, pour la réchauffer, il la mit dans fon fein, par un mouvement de compaffion bien funefte pour lui-même; car dès qu'elle eut repris fes forces, elle tua cet homme auffi-tôt. Une autre Couleuvre lui ayant demandé pourquoi elle avoit commis ce crime: C'eft, dit-elle, afin que les hommes ne s'accoutument point à faire du bien aux méchans.

XVIII. *Le Renard & le Dragon.*

L'Avare n'eft que le gardien, & non le maître de fon argent.

UN Renard qui creufoit fa tanière, à force de fouiller & de faire nombre de trous de plus en plus profonds, parvint jufqu'au réduit le plus fecret de la caverne d'un Dragon

K

23 21 22 24 26 29
Hunc fimul adfpexit : Oro ut imprudentiæ

27 25 28 30 31 33 32
Des primùm veniam ; deinde, fi pulchrè vides,

34 37 38 35 36 40 39
Quàm non conveniens aurum fit vitæ meæ,

41 42 43 44 45
Refpondeas clementer. Quem fructum capis

47 46 48 50 49 52 53 51
Hoc ex labore ? quodve tantum eft præmium,

54 55 56 57 59 60 61 58
Ut careas fomno & ævum in tenebris exigas?

62 63 64 65 66 70 72 69
Nullum , inquit ille : verùm hoc a fummo mihi

71 67 68 73 74 75 77
Jove adtributum eft. Ergo nec fumis tibi,

78 80 79 76 82 83 81
Nec ulli donas quidquam ? Sic Fatis placet.

84 85 88 86 87
Nolo irafcaris , liberè fi dixero :

95 94 96 93 89 90 91 92
Diis eft iratis natus qui eft fimilis tibi.

98 99 1 2 3
Abiturus illuc quò priores abierunt,

97 7 4 6 8 5
Quid mente cæcâ miferum torques fpiritum?

10 9 11 12 14 13
Tibi dico , avare, gaudium hæredis tui,

15 18 17 19 20 16 21
Qui ture Superos , ipfe te fraudas cibo,

22 23 24 26 27 25
Qui triftis audis muficum citharæ fonum,

28 30 31 29
Quem tibiarum macerat jucunditas ,

34 33 32 36 35
Opfoniorum pretia cui gemitum exprimunt :

37 38 40 39 41
Qui , dum quadrantes aggeras patrimonio,

43 42 45 44
Cœlum fatigas fordido perjurio;

46 47 48 49 50
Qui circumcidis omnem impenfam funeris,

52 51 54 56 57 53 55
Libitina ne quid de tuo faciat lucrum.

qui gardoit des tréfors cachés. Dès qu'il l'eut
apperçu, il lui dit : Je te fupplie premièrement de me pardonner mon imprudence : &
de plus, fi tu es bien perfuadé que tes ri-
cheffes ne conviennent point à ma manière
de vivre, dis-moi, fans te fâcher, quel fruit
tu retires de ta peine, & quelle récompenfe
eft capable de t'engager à te priver du fom-
meil, & à paffer tes jours dans ces ténèbres ?
Aucune, répondit le Dragon ; mais le grand
Jupiter m'a impofé cette charge. Tu ne prends
donc rien de ces tréfors, ni tu n'en donnes
la moindre part à perfonne ? Non, les deftins le veulent ainfi. Je n'ai pas deffein de
t'offenfer, reprit le Renard, fi je te parle un
peu librement ; mais quiconque te reffemble
eft né dans la colère des dieux. ¶ Puifque tu
dois aller où font tous ceux qui ont vécu
avant toi, pourquoi, par un étrange aveu-
glement d'efprit, te tourmentes-tu pendant
ta miférable vie ? C'eft à toi que je parle,
Avare, qui fais la joie de ton héritier ; qui
retranches l'encens aux dieux, & la nourriture à toi-même ; qui ne peux entendre qu'a-
vec chagrin le fon harmonieux d'un luth ;
que le doux concert des flûtes fait fécher de
dépit ; à qui le prix des vivres les plus né-
ceffaires, arrache des foupirs & des gémif-
femens ; qui, pourvu que tu augmentes ton

K 2

XIX. PHÆDRUS.

Inventa perficere non inglorium.

QUID judicare cogitet livor modò,
Licèt diffimulet, pulchrè tamen intelligo.
Quidquid putabit effe dignum memoriæ,
Æfopi dicet; fi quid minùs adriferit,
A me contendet fictum quovis pignore.
Quem volo refelli jam nunc refponfo meo :
Sive hoc ineptum, five laudandum eft opus,
Invenit ille, noftra perfecit manus.
Sed exequamur cœptum propofiti ordinem.

bien fou à fou, ne crains point d'irriter le
ciel par de honteux parjures; qui défends
que l'on faffe là moindre dépenfe à tes funé-
railles, de crainte que la déeffe Libitine ne
gagne, même après ta mort, quelque chofe
avec toi.

XIX. *Phèdre.*

Il y a de l'honneur à finir ce qu'un autre a commencé.

QUOIQUE l'envie diffimule jufqu'à préfent
le jugement qu'elle fe propofe de porter fur
cet ouvrage, je me doute cependant de ce
qu'elle en pourra dire. Tout ce qui lui paroîtra mériter quelque eftime, elle publiera que
c'eft d'Éfope; & fi elle trouve quelque chofe
qui lui déplaife, elle gagera tout ce que l'on
voudra, que c'eft de mon invention; mais
voici ce que j'ai à lui répondre par avance
pour la réfuter: Que ces fables foient ridi-
cules, ou qu'elles méritent des louanges, fi
Éfope en eft l'inventeur, c'eft moi qui leur
ai donné la perfection. Mais pourfuivons
notre deffein de la manière que nous avons
commencé.

K 3

XX. NAUFRAGIUM SIMONIDIS.

Veras divitias eripit nemo.

Homo doctus in se semper divitias habet.

Simonides, qui scripsit egregium melos,

Quò paupertatem sustineret faciliùs,

Circumire cœpit urbes Asiæ nobiles,

Mercede pactâ laudem victorum canens.

Hoc genere quæstûs postquam locuples factus est,

Venire in patriam voluit cursu pelagio.

(Erat autem natus, ut aiunt, in Ceo insulâ :)

Ascendit navem, quam tempestas horrida,

Simul & vetustas, medio dissolvit mari.

Hi zonas, illi res pretiosas colligunt,

Subsidium vitæ. Quidam curiosior :

Simonide, tu ex opibus nil sumis tuis ?

Mecum, inquit, mea sunt cuncta. Tunc pauci enatant,

Quia plures onere degravati perierunt.

Prædones adsunt, rapiunt quod quisque extulit,

Nudos relinquunt. Fortè Clazomene propè

Antiqua fuit arbs, quam petierunt naufragi.

Hic litterarum quidam studio deditus,

XX. *Naufrage de Simonide.*

Perſonne ne peut ravir les véritables richeſſes.

UN homme ſavant a toujours en lui-même
un fonds de richeſſes. ¶ Simonide, qui a fait
de fort beaux vers, voulant trouver quelque
ſoulagement dans ſa pauvreté, ſe mit à par-
courir les plus célèbres villes de l'Aſie, fai-
ſant, moyennant une récompenſe, l'éloge
de ceux qui avoient remporté le prix aux
jeux. S'étant enrichi à cet emploi, il voulut
retourner par mer dans l'île de Cée, que l'on
dit avoir été ſon pays. Il s'embarqua ſur un
vaiſſeau, qu'une horrible tempête, outre
qu'il étoit déjà vieux & uſé, briſa au milieu
de la mer. Auſſi-tôt les uns ſauvent leur argent; les autres font un paquet de ce qu'ils
ont de plus précieux, afin qu'il leur reſte
encore de quoi vivre. Un de la troupe, plus
curieux que les autres, dit à notre poète:
Hé quoi, Simonide, n'emportez-vous donc
rien de ce qui eſt à vous? Tout ce qui m'appartient, répondit-il, eſt avec moi. Peu
échappèrent du naufrage, & la plupart pé-
rirent, parce qu'ils s'étoient trop chargés.
Des voleurs ſurvinrent, qui attaquèrent les
autres, enlevèrent à chacun d'eux ce qu'ils
avoient emporté, & les laiſſèrent tout nuds.

16   12   14   15.   13
Simonidis qui sæpé versus legerat,
18   17   21   19   20
Eratque absentis admirator maximus,
28   27   29   26   23
Sermone ab ipso cognitum cupidissimé
24   25   22   32   33   34
Ad se recepit; veste, nummis, familiâ,
31   30   35   38   37
Hominem exornavit. Ceteri tabulam suam
36   39   40   41   45   44
Portant, rogantes victum : quos casu obvius
43   42   46   47   52   49
Simonides, ut vidit : Dixi, inquit, mea
51   50   48   54   53   55   56
Mecum esse cuncta; vos quod rapuistis, perît.

XXI. MONS PARTURIENS.

Magna ne jactes, sed præstes.

1   5   3   4   2
Mons parturibat, gemitus immanes ciens,
9   6   10   11   8   7
Eratque in terris maxima expectatio :
12   13   15   14   16   18   17   19
At ille murem peperit. Hoc scriptum est tibi
20   25   23   24   21   22
Qui, magna cùm minaris, extricas nihil.

Clazomène, qui eft une ville fort ancienne, étoit près de là, les naufragés s'y refugièrent. Dans cette ville il y avoit un homme qui aimoit l'étude & les belles lettres ; il avoit fouvent lu les poéfies de Simonide , & l'admiroit beaucoup fans l'avoir jamais vu : mais l'ayant reconnu à fa converfation , il le reçut chez lui avec le plus grand empreffement, & lui donna des habits, de l'argent , & des efclaves pour le fervir. Les autres cependant portent par les rues un tableau qui repréfente leur naufrage , & font réduits à mendier pour vivre. Simonide les ayant rencontrés par hafard, leur parle de la forte : Je vous avois bien dit, que tout ce qui étoit à moi, étoit avec moi. Pour vous , il ne vous refte rien de ce que vous avez enlevé avec tant de précipitation.

XXI. *La Montagne qui accouche.*

Promets peu , & fais beaucoup.

UNE Montagne, fentant les douleurs de l'enfantement , faifoit des cris épouvantables ; & toute la terre étoit dans la plus grande attente : enfin elle accoucha d'une Souris. ¶ Ceci doit s'appliquer à toi, qui promets toujours des merveilles , & ne fais voir aucun effet.

XXII. FORMICA ET MUSCA.

Vera gloria fictam obscurat.

FORMICA & Musca contendebant acriter,
Quæ pluris esset : Musca sic cœpit prior.
Conferre nostris tu potes te laudibus?
Ubi immolatur, exta prægusto deûm.
Moror inter aras, templa perlustro omnia :
In capite regis sedeo, cùm visum est mihi,
Et matronarum casta delibo oscula ;
Laboro nihil, atque optimis rebus fruor :
Quid horum simile tibi contingit, rustica?
Est gloriosus sanè convictus deûm,
Sed illi qui invitatur, non qui invisus est;
Aras frequentas, nempe abigeris quò venis :
Reges commemoras & matronarum oscula,
Superba jactas tegere quod debet pudor :
Nihil laboras, ideo, cùm opus est, nil habes.
Ego granum in hiemem cùm studiosè congero,
Te circa murum video pasci stercore :
Æstate me lacessis : cùm bruma est, siles :
Mori contractam cùm te cogunt frigora,

XXII. *La Fourmi & la Mouche.*

La vraie gloire obfcurcit la fauffe.

LA Fourmi & la Mouche difputoient, avec beaucoup de chaleur, fur l'honneur & le rang. La Mouche commença la première par ces paroles : Te peux-tu comparer à moi, qui réunis de fi grands avantages ? Lorfque l'on facrifie aux dieux, je goûte la première aux entrailles des victimes : je fuis toujours fur les autels : je me promène par-tout dans les temples : je me place quand je veux fur la tête des rois : je prends de chaftes baifers fur le vifage des plus grandes dames : enfin je ne travaille point, & je ne laiffe pas de jouir des meilleures chofes. As-tu, dans ta manière de vivre, rien qui approche de cela, toi qui ne connois que les champs ?

Il eft glorieux fans doute, lui répond la Fourmi, de vivre dans les temples des dieux ; mais cet honneur n'eft que pour celui que l'on y invite, & non pour celui que l'on n'y voit qu'avec indignation. On ne voit que toi fur les autels ; mais on te chaffe par-tout où tu parois. Tu nous parles des rois que tu approches, & des dames que tu ofes baifer fi librement : tu te vantes, info-ente que tu es, de ce que tu devrois cacher.

Me copiosa recipit incolumen domus.

Satis profecto retudi superbiam.

Fabella talis hominum discernit notas

Eorum qui se falsis ornant laudibus ,

Et quorum virtus exhibet solidum decus.

XXIII. SIMONIDES A DIIS SERVATUS.

Deum colenti stat sua merces.

QUANTUM valerent inter homines litteræ,

Dixi superiùs, quantus nunc illis honos

A superis sit tributus, tradam memoriæ.

Simonides, idem ille de quo rettuli,

Victoris laudem cuidam pyctæ ut scriberet

Certo condixit pretio : secretum petît :

Exigua cùm frenaret materia impetum ,

du voile de la honte. Tu ne travailles point: aussi dans le besoin ne trouves-tu nulle ressource. Cependant lorsque je m'occupe à faire ma provision de bled pour l'hiver, je te vois le long des murailles te nourrir des plus sales ordures. Tu me viens insulter en été; mais tu ne dis plus mot, quand l'hiver est venu. Enfin lorsque le froid te resserre, & te fait mourir, je me retire en sûreté dans ma petite maison bien fournie. J'en ai, je crois, assez dit, pour rabaisser ton orgueil. ¶ Cette fable caractérise deux sortes de personnes, dont les unes se font valoir par de fausses louanges, & les autres ont un mérite solide qui leur fait un véritable honneur.

XXIII. *Simonide préservé par les Dieux.*

Les dieux récompensent ceux qui les honorent.

J'AI fait voir auparavant ce que peuvent les belles-lettres parmi les hommes: je vais montrer ici combien les dieux les ont honorées. ¶ Simonide, le même dont j'ai déjà parlé, convint d'une certaine somme, avec un athlète qui avoit remporté le prix, pour faire des vers à sa louange. Il se retira pour y travailler; mais la stérilité du sujet l'empêchant de prendre l'essor, il usa, selon la

L

40   42   43   45   44   41
Ufus poëtæ, ut moris eft, licentiâ,
46   47   49   50   48
Atque interpofuit gemina Ledæ fidera,
52   54   51   53
Auctoritatem fimilis referens gloriæ.
56   55   57   61   59
Opus adprobavit, fed mercedis tertiam
58   60   62   64   63
Accepit partem. Cùm reliquam pofceret :
65   70   71   66   69   68   67
Illi, inquit, reddent quorum funt laudis duæ.
72   73   77   76   75   74
Verùm ne iratè dimiffum te fentiam,
80   81   79   78   85   82
Ad cœnam mihi promitte ; cognatos volo
84   83   88   89 86   87   90
Hodie invitare, quorum es in numero mihi.
92   91   93   94   95
Fraudatus quamvis & dolens injuriâ,
98   3   2   1   99
Ne malè dimiffam gratiam corrumperet,
95   3   4   5   6
Promifit. Rediit horâ dictâ, recubuit.
9   8   10   7
Splendebat hilare poculis convivium,
14   15   12   13   11
Magno apparatu læta refonabat domus ;
17   18   16   19   20   21
Repentè duo cùm juvenes, fparfi pulvere,
25   24   22   23
Sudore multo diffluentes corpora,
28   26   27   30   31
Humanam fupra formam, cuidam fervulo
29   32 34 35   33   36
Mandant ut ad fe provocet Simonidem,
38   37   39 40 41   42
Illius intereffe ne faciat moram.
43   44   45   46
Homo perturbatus excitat Simonidem.
49   48   47   50   51
Unum promôrat vix pedem triclinio,
53   54   52   55   56
Ruina camaræ fubitò oppreffit cæteros,

coutume, du privilège des poètes, & il fit
entrer dans sa pièce l'éloge des deux fils de
Léda, connus parmi les astres, sous le nom
des Gémeaux, relevant la gloire de son athlète par l'exemple de ces dieux, qui s'étoient
illustrés en exerçant le même art. Il fit agréer
son ouvrage; mais il ne reçut en payement
que le tiers de sa récompense; &, comme
il demandoit le surplus : Vous le recevrez,
dit l'athlète, de ceux qui sont l'objet des
deux tiers de l'éloge : mais afin que je ne
vous voie point retirer mécontent, promet-
tez-moi de venir souper ici ce soir : je veux
inviter aujourd'hui mes parens, & je vous
mets de la partie.

Quoique Simonide se vît trompé, & qu'il
ressentît vivement l'injustice qu'on venoit de
lui faire; pour ne pas perdre cependant les
bonnes graces de cet homme, en rompant
brusquement avec lui, il lui donna parole. Il
se rendit à l'heure marquée, & se mit à table avec les autres. Le festin étoit magnifi-
que, & le vin mettoit tout le monde en
belle humeur; tout étoit préparé avec le
plus grand soin dans cette maison, qui re-
tentissoit de cris de joie, lorsque tout d'un
coup deux jeunes hommes, couverts de
poussière, tout en sueur, & qui paroissoient
avoir quelque chose au-dessus de l'humanité,

57 60 58 59 62 61 63 64
Nec ulli juvenes funt reperti ad januam,
65 70 69 66 68 67
Ut eft vulgatus ordo narratæ rei ,
71 72 74 73
Omnes fcierunt numinum præfentiam
76 75 77 79 78
Vati dedifle vitam mercedis loco.

EPILOGUS.

POETA.

Scribendi nullus eft finis.

6 5 1 2 3 4
ADHUC fuperfunt multa quæ poffim loqui ,
7 9 11 10 8
Et copiofa abundat rerum varietas :
12 14 16 15 13
Sed temperatæ fuaves funt argutiæ,
17 18 19 20 21
Immodicæ offendunt. Quare , vir fanctiffime,
22 26 23 24 25
Particulo , chartis nomen victurum meis
31 27 29 28 30
Latinis dum manebit pretium litteris ,
35 36 37 33 34 32
Si non ingenium , certè brevitatem adproba,

donnèrent ordre à un valet, d'aller dire à Simonide qu'il vînt leur parler, & qu'il étoit de fon intérêt de fortir dans l'inftant même. Le valet fort ému court, & fait lever de table Simonide, qui n'eut pas plutôt le pied hors de la chambre, que le plancher venant à s'écrouler, accabla tout-à-coup les autres fous fes ruines, & les jeunes hommes ne fe trouvèrent plus à la porte.

Quand on fut dans le public, de quelle manière le tout s'étoit paffé, on ne douta plus que ces dieux ne fe fuffent rendus préfens pour fauver la vie au poëte, en récompenfe des louanges qu'il leur avoit données.

ÉPILOGUE.

LE POÈTE.

S'il falloit tout écrire, on n'auroit jamais fait.

Il refte encore un grand nombre de fujets que je pourrois traiter ; & cette matière eft une fource inépuifable de chofes différentes : mais les jeux d'efprit ne font bons que quand ils font modérés ; & ils ceffent de plaire, lorfqu'ils paffent certaines bornes. C'eft pourquoi, mon cher Particulon, dont la vie eft ornée de tant de vertus, & dont le nom vivra dans mes écrits, tant que les mufes lati-

182

40
Usus p·

46
Atque

52
Auctor

56
Opus a

58
Accepi

65   7
Illi, in

72
Verùm

80   8.
Ad cœn

84
Hodie i

91
Fraudat

98   3
Ne mal

95
Promifit

9
Splend

M

186   LES FABLES

Quæ commendari tanto debet juftiùs,

Quantè poetæ funt molefti validiùs.

nes feront honorées : Si je n'ai pas, du côté
de l'efprit, de quoi mériter vos éloges, vous
m'approuverez du moins de la briéveté de
mes ouvrages ; elle mérite de votre part des
louanges d'autant plus juftes que, de tous les
difcoureurs ennuyeux, les poètes font les
plus incommodes.

PHÆDRI FABULARUM

LIBER QUINTUS.

PROLOGUS.

Æsopi nomen sicubi interposuero,
Cui reddidi jampridem quidquid debui,
Auctoritatis esse scito gratiâ:
Ut quidam artifices nostro faciunt sæculo,
Qui pretium operibus majus inveniunt, novo
Si marmori adscripserunt Praxitelem suo,
Myronem argento. Plus vetustis nam favet
Invidia mordax, quàm bonis præsentibus.
Sed jam ad fabellam talis exempli feror.

FABLES DE PHEDRE,
LIVRE CINQUIÈME.

PROLOGUE.

Sɪ dans quelques endroits de mes écrits je fais entrer le nom d'Ésope, à qui j'ai depuis long-temps rendu tout ce que je devois, croyez, cher lecteur, que ce n'est qu'à dessein de les faire mieux recévoir ; à l'exemple de certains ouvriers de ce siècle, qui augmentent de beaucoup l'estime & le prix de leurs ouvrages, en gravant sur une nouvelle statue de marbre le nom de Praxitèle, & celui de Myron sur l'argent qu'ils ont mis en œuvre : car l'envie, qui cherche toujours à mordre, est beaucoup plus favorable au mérite des anciens, qu'aux gens de bien qui vivent aujourd'hui. Mais ceci m'engage à vous raconter une histoire qui va m'en fournir un exemple.

L 5

FABULA I.

DEMETRIUS ET MENANDER.

Melius est nomen bonum unguentis pretiosis.

DEMETRIUS, qui dictus est Phalereus,
Athenas occupavit imperio improbo.
Ut mos est vulgi, passim & certatim ruunt :
Feliciter subclamant. Ipsi principes
Illam osculantur, quâ sunt oppressi, manum,
Tacitè gementes tristem fortunæ vicem.
Quin etiam resides & sequentes otium,
Ne defuisse noceat, reptant ultimi :
In queis Menander, nobilis comœdiis ;
Quas, ipsum ignorans, legerat Demetrius,
Et admiratus fuerat ingenium viri ;
Unguento delibutus, vestitu adfluens
Veniebat gressu delicato & languido.
Hunc ubi tyrannus vidit extremò agmine :
Quinam cinædus ille in conspectu meo
Audet venire ? Responderunt proximi :
Hic est Menander scriptor. Mutatus statim :

FABLE I.

Démétrius & Ménandre.

Un beau nom vaut mieux qu'un extérieur fort recherché.

DÉMÉTRIUS, qui fut surnommé Phaléréen, avoit par des voies injustes usurpé dans Athènes la souveraine autorité ; le peuple néanmoins, selon la coutume, court de tous côtés avec empressement lui rendre ses devoirs, & faire des acclamations de joie. Les premiers même de la ville, gémissant en secret d'un si triste revers de fortune, vont aussi baiser la main qui les opprime. Ceux enfin qui menoient une vie tranquille & retirée, viennent après tous les autres, pour ne point s'attirer de disgraces, en manquant à ce devoir. De ces derniers étoit Ménandre, célèbre par ses comédies, que Démétrius avoit lues sans le connoître, & dans lesquelles il avoit beaucoup admiré l'esprit de l'auteur. Ce poète tout parfumé, laissant traîner autour de lui les vastes replis de sa robe, s'approchoit avec un air de molesse & d'un pas languissant. Le tyran l'appercevant derrière les autres : Comment, dit-il, cet homme lâche & efféminé ose-t-il se présenter

L 6

90   95   93 91 92   94
[Homo, inquit, fieri non poteſt venuſtior.

1 96 2 3   99   97   98
Vatemque & ſcripta meritis tollit honoribus.

6   4   5 7   8
Exemplum ſcriptor vertat ad prudentiam.

11   12 13   10   9
Ingenio, non luxu, paratur claritas.]

II. VIATORES ET LATRO.

Ventoſa lingua, pedes fugaces.

3 1   4   5   6   3
[Duo cùm incidiſſent in Latronem milites,

7   8   10 9   11
Unus profugit; alter autem reſtitit,]

12   13   14 16   15
Et vindicavit ſeſe forti dexterâ.

17   18   20   21   19
Latrone occiſo, timidus accurrit comes,

23 22   24   25   27   26
Stringitque gladium; dein rejectâ penulâ:

28   30   29   32 31   33
Cedo, inquit, illum; jam curabo ſentiat

34   35   36 37   38
Quos attentârit. Tunc qui depugnaverat:

39   53   54   52   40   51
Vellem iſtis verbis ſaltem adjuviſſes modò,

56   55   58   57
Conſtantior fuiſſem vera exiſtimans:

59 60   61   62 64   63   65
Nunc conde ferrum, & linguam pariter futilem,

66 67   69   70   68
Ut poſſis alios ignorantes fallere.

71 72 74   73   75   77   76
Ego, qui ſum expertus quantis fugias viribus,

78 79   74   70 72   71   73
Scio quòd virtuti non ſit credendum tuæ.

levant moi ? Ses officiers répondirent : C'est
le poëte Ménandre. Démétrius aussi-tôt l'ac-
cueillit avec empressement, & combla d'honneurs & de louanges le poëte & ses écrits.
¶ Que l'écrivain mette à profit cette histoire ; & qu'il se souvienne que la célébrité
s'acquiert par le génie , & non par le faste.

II. *Les Voyageurs & le Voleur.*

Brave en paroles : poltron en effet.

DEUX Soldats rencontrèrent un Voleur :.
l'un prit la fuite ; l'autre tint ferme , & d'un
bras vigoureux se tira d'affaires. Le Voleur
étant tué , le peureux camarade accourut,
tira l'épée , & se débarrassant de son manteau : Laissez-le venir, dit-il, je vais lui apprendre à qui il s'adresse. Alors celui qui
s'étoit si bravement défendu, lui dit : Je
voudrois que pour m'encourager, vous eus-
siez du moins employé ces paroles, il n'y a
qu'un moment ; j'en aurois été plus résolu,
les croyant sincères : mais pour le présent ,
rengainez votre épée & vos rodomontades,
pour en imposer à d'autres qui ne vous con-
noîtront pas : pour moi , qui viens d'apprendre avec quelle force & quelle roideur
vous fuyez, je sais qu'il ne faut pas beaucoup compter sur votre courage. ¶ Cette

79 78 77 75 76
Illi adfignari debet hæc narratio
80 83 84 82 81 86 85
Qui re fecundâ fortis eft , dubiâ fugax.

III. CALVUS ET MUSCA.

Sponte peccanti nullus eft veniæ locus.

5 2 1 4 3
CALVI momordit Mufca nudatum caput ,
8 7 6 11 10 9 12
Quam opprimere captans , alapam fibi duxit gravem.
13 14 15 19 20 21
Tunc illa irridens : Punctum volucris parvulæ
16 18 17 22 23 24
Voluifti morte ulcifci ; quid facies tibi ,
27 25 26 28
Injuriæ qui addideris contumeliam ?
29 34 31 30 32 33
Refpondit : Mecum facile redeo in gratiam,
35 39 40 37 38 36
Quia non fuiffe mentem lædendi fcio :
41 47 51 50 48 49
Sed te, contempti generis animal improbum ,
52 53 54 56 55
Quæ delectaris bibere humanum fanguinem,
42 43 44 46 45
Optem necare vel majore incommodo.
57 58 60 62 61 59
Hoc argumento veniam tam dari decet
63 65 64 66 67 70 68 69
Qui cafu peccat , quàm qui confilio eft nocens,
72 73 74 76 75 71
Illum effe quamvis pœnâ dignum judico.

fable peut s'appliquer à ceux qui font braves lorfqu'il n'y a rien à craindre, & qui font prêts à fuir au moindre danger.

III. *Le Chauve & la Mouche.*

Celui qui pèche volontairement eft indigne de tout pardon.

UNE Mouche piqua à la tête un homme chauve & découvert : celui-ci, voulant l'écrafer, fe donna un grand coup du plat de la main. La Mouche alors lui dit en fe moquant : Si, pour te venger de la piqûre d'un petit infecte volant, tu as voulu le tuer ; comment te puniras-tu toi-même, d'avoir ajouté l'affront d'un foufflet au mal que tu viens de te faire ? L'homme lui répondit : Pour moi, je me réconcilie aifément avec moi-même, parce que je fais que je n'avois pas deffein de me bleffer : Mais toi, vil animal, & auffi miférable qu'importun, qui te fais un plaifir de fucer le fang des hommes, je voudrois te pouvoir tuer, quand je devrois me faire encore plus de mal. ¶ Cette fable nous apprend que l'on accorde plus aifément le pardon à celui qui fait quelque faute fans y penfer, qu'à celui qui pèche de deffein formé. Je crois que ce dernier mérite toute forte de punition.

IV. HOMO ET ASINUS.

Feliciter fapit qui alieno periculo fapit.

QUIDAM immolaffet verrem cùm fancto Herculi

Cui pro falute votum debebat fuâ,

Afello juffit reliquias poni hordei :

Quas afpernatus ille , fic locutus eft:

Tuum libenter prorfus adpeterem cibum ,

Nifi qui nutritus illo eft jugulatus foret.

Hujus refpectu fabulæ deterritus ,

Periculofum femper vitavi lucrum.

Sed dices : Qui rapuere divitias , habent.

Numeremus agedum qui deprehenfi perierint ;

Majorem turbam punitorum reperies.

Paucis temeritas eft bono , multis malo.

IV. *L'Homme & l'Ane.*

Heureux celui qui devient fage aux dépens d'autrui.

Un homme ayant immolé un pourceau au dieu Hercule, afin de s'acquitter d'un vœu qu'il avoit fait pour la confervation de fa vie, fit donner à fon Ane le refte de l'orge de l'autre animal ; mais l'Ane n'en voulut point ; & lui dit : J'aurois affez envie de manger de ton orge, fi l'on ne venoit d'égorger celui qui en a été nourri. ¶ Les réflexions que j'ai faites fur cette fable, m'ont donné de l'éloignement pour le gain dont les fuites font dangereufes. Mais fi vous me dites que ceux qui ont acquis du bien par leurs rapines, ont l'avantage de le poffédér ; comptons, je vous prie, combien il y en a qui, ayant été furpris, ont péri malheureufement ; & vous trouverez que le nombre de ceux-ci eft beaucoup plus confidérable : car fi la témérité de quelques-uns leur a réuffi, elle en a conduit à leur perte une infinité d'autres.

V. SCURRA ET RUSTICUS.

Præjudicata opinio judicium obruit.

5 4 3 1 2
PRAVO favore labi mortales solent,
6 14 15 12 13 17 16
Et, pro judicio dum stant erroris sui,
8 9 10 11 7
Ad pœnitendum rebus manifestis agi.
21 22 18 19 20
  Facturus ludos quidam dives nobiles,
26 24 23 25
Proposito cunctos invitavit præmio
31 28 32 27 30 29
Quam quisque posset ut novitatem ostenderet.
34 33 37 35 36
Venere artifices laudis ad certamina ;
39 38 40 41 43 42
Quos inter Scurra, notus urbano sale,
46 44 45 47 48
Habere dixit se genus spectaculi
49 54 55 50 53 51 52
Quod in theatro numquam prolatum foret.
57 56 59 58
Dispersus rumor civitatem concitat :
62 63 61 65 64 60
Paulò antè vacua turbam deficiunt loca.
70 71 66 67 69 68
In scenâ verò postquam solus constitit,
72 73 74 75
Sine apparatu, nullis adjutoribus,
79 77 78 76
Silentium ipsa fecit expectatio.
81 84 85 80 82 83
Ille in sinum repentè demisit caput,
86 92 90 89 88 87 91
Et sic porcelli vocem est imitatus suâ,
95 93 96 97 94
Verum ut subesse pallio contenderent,
98 1 99 2 3 4
Et excuti juberent : quo facto, simul

V. *Le Bouffon & le Paysan.*

La préoccupation nuit au jugement.

LES hommes font fouvent des fautes par l'entêtement qu'ils ont à favorifer certaines perfonnes ; & voulant foutenir leurs fauffes opinions, ils font enfin obligés, par l'évidence des chofes, à fe rétracter honteufement. ¶ Un homme de qualité, fort riche, voulant un jour faire repréfenter des jeux, propofa un prix pour engager tous ceux qui auroient quelque chofe d'extraordinaire & de nouveau, à le produire devant le peuple. Les acteurs les plus habiles vinrent fe difputer la palme de la gloire. Un bouffon d'entr'eux, célèbre par fes plaifanteries, affura qu'il avoit à donner une forte de fpectacle, qui n'avoit jamais paru fur le théâtre. Le bruit qui s'en répandit, excita la curiofité de toute la ville, & les places qui auparavant étoient vuides, ne purent contenir le peuple qui s'y rendit en foule. Il parut donc feul fur le théâtre, fans préparatifs, fans aucun autre acteur avec lui : l'attente, où tout le monde étoit, fit toute feule faire un grand filence. Alors baiffant tout d'un coup tête fous fa robe, il contrefit fi bien avec voix le cri d'un cochon de lait, que tout

Nihil est repertum, multis onerant laudibus,

Hominemque plausu prosequuntur maximo.

Hoc vidit fieri Rusticus : Non mehercule,

Me vincet, inquit; & statim professus est

Idem facturum melius se postridiè.

Fit turba major : jam favor mentes tenet,

Et derisuri, non spectaturi, sedent.

Uterque prodit : Scurra degrunnit prior,

Movetque plausus, & clamores suscitat.

Tunc, simulans sese vestimentis Rusticus

Porcellum obtegere, (quod faciebat scilicet,

Sed in priore quia nil compererant, latens,)

Pervellit aurem vero quem celaverat,

Et cum dolore vocem naturæ exprimit.

Adclamat populus Scurram multò similius

Imitatum, & cogit Rusticum trudi foras.

At ille profert ipsum porcellum e sinu ;

Turpemque aperto pignore errorem probans,

En hic declarat quales sitis judices,

le peuple foutenoit qu'il en avoit un véritable caché fous fon manteau, & lui commanda de le fecouer : ce qu'ayant fait ;
comme il ne s'y trouva rien, on le combla
de louanges, & il reçut un applaudiffement
général.

Un payfan, préfent à ce fpectacle, fe mit
à jurer fes grands dieux, qu'en cela le bouffon n'en fauroit pas plus que lui ; &, fur le
champ il déclara au peuple que, le lendemain, il contreferoit lui-même le cochon de
lait beaucoup mieux. Le peuple s'affemble
en plus grande foule, & déjà prévenu en
faveur du Bouffon, chacun prend fa place,
plutôt pour fiffler le Payfan, que pour voir
ce qu'il avoit promis de faire. L'un & l'autre
paroiffent fur la fcène : le Bouffon le premier contrefaifant le cochon de lait, excite
les applaudiffemens & les acclamations.
Alors le Payfan faifant femblant de cacher
un petit cochon fous fa robe, (ce qu'il faifoit en effet, mais fans appréhender que
l'on s'en doutât, parce qu'il ne s'étoit rien
trouvé fous le manteau de l'autre,) il tira
l'oreille au vrai cochon qu'il tenoit caché ;
& par la douleur qu'il lui caufa, il le força
de faire entendre fa voix naturelle. Le peuple auffi-tôt s'écrie que le Bouffon a beaucoup mieux imité le cri de l'animal, & il

VII. DUO CALVI.

Non omnia omnibus congruunt.

Calvus forte in trivio pectinem :

... aqua defectus pilis :

... commune quodcumque est luc...

... jecit simul :

... colores fient, sed fato invido ;

... pro thesauro invenimus

... huic querela convenit.

ut abfolument que l'on chaffe le Payfan
théâtre ; mais lui, tirant le petit cochon
deffous fa robe, & montrant aux fpecta-
urs, par cette preuve évidente, qu'ils
étoient honteufement trompés : Tenez,
ur dit-il, ceci fait voir quels excellens ju-
es vous êtes.

VI. *Les deux Chauves.*

Toutes chofes ne font pas bonnes à tous.

Un homme chauve trouva par hafard un
peigne dans la rue. Un autre qui n'avoit pas
plus de cheveux que lui, furvint, & lui
cria : au moins je retiens part, &, quel
qu'il foit, le profit eft pour nous deux. Le
premier lui montra la belle rencontre qu'il
venoit de faire, & lui dit : les dieux avoient
voulu nous favorifer ; mais par l'envie de
notre mauvais deftin, nous avons, comme
on dit, trouvé des charbons, au lieu d'un
tréfor. ¶ Celui qui fe voit trompé dans fes
efpérances, a quelque droit de fe plaindre.

VII. PRINCEPS TIBICEN.

Stulta superbia ridetur ab omnibus:

Ubi vanus animus, aurâ captus frivolâ,
Arripuit insolentem sibi fiduciam,
Facilè ad derisum stulta levitas ducitur.
Princeps Tibicen notior paulò fuit,
Operam Bathyllo solitus in scenâ dare.
Is fortè ludis, non satis memini quibus,
Dum pegma rapitur, concidit casu gravi
Nec opinans, & sinistram fregit tibiam,
Duas cùm dextras maluisset perdere.
Inter manus sublatus & multùm gemens
Domum refertur. Aliquot menses transeunt
Ad sanitatem dum venit curatio.
Ut spectatorum mos est & lepidum genus,
Desiderari cœpit, cujus flatibus
Solebat excitari saltantis vigor.
Erat facturus ludos quidam nobiles,
Et incipiebat Princeps ingredier: eum
Adducit pretio, precibus, ut tantummodo
Ipso ludorum ostenderet sese die.

VII.

VII. *Un Joueur de flûte nommé le Prince.*

Un homme vain se rend ridicule à tout le monde.

LORSQU'UN esprit vain, épris d'une réputation imaginaire, se laisse emporter, dans l'excès de sa présomption, jusqu'à des pensées insolentes, sa folle vanité devient facilement le jouet de tout le monde. ¶ Il y avoit un joueur de flûte, nommé le Prince, assez connu du peuple, parce que Bathyllus l'employoit ordinairement sur le théâtre. Étant à certains jeux, dont je ne me rappelle pas bien le nom, le mouvement rapide d'une machine le fit tomber si rudement, lorsqu'il y pensoit le moins, qu'il se rompit la jambe gauche, pour laquelle il eût mieux aimé perdre deux de ses flûtes droites. On le prend, on l'emporte chez lui, faisant de grandes lamentations : quelques mois se passèrent, avant qu'il fût entièrement guéri. Les spectateurs, comme c'est leur coutume, commencèrent à s'ennuyer de ne plus voir ce galant homme, qui, par le son de sa flûte, excitoit l'adresse & l'agilité des danseurs.

Un citoyen de qualité voulut alors donner des jeux au public ; & comme il savoit que le Prince commençoit à marcher, il obtint

M

Qui fimul advenit, rumor de tibicine

Fremit in theatro : quidam affirmant mortuum ;

Quidam in confpectum proditurum fine morâ.

Aulæo miffo, devolutis tonitrubus ,

Dii funt locuti more tranflatitio.

Chorus tunc & notum reducto canticum

Impofuit, cujus hæc fuit fententia :

Lætare, incolumis Roma, falvo principe.

In plaufus confurrectum eft : jactat bafia

Tibicen ; gratulari fautores putat.

Equefter ordo ftultum errorem intelligit ,

Magnoque rifu canticum repeti jubet.

Iteratur illud : homo meus fe in pulpito

Totum profternit : plaudit inludens eques ;

Rogare populus hunc coronam exiftimat.

Ut verò cuneis notuit res omnibus,

Princeps , ligato crure niveâ fafciâ ,

Niveifque tunicis, niveis etiam calceis ,

Superbiens honore divinæ domûs ,

Ab univerfis capite eft protrufus foràs.

de lui; à force d'argent & de prières, qu'il
fe montreroit feulement fur le théâtre, le
jour fixé pour la repréfentation des jeux. Il
n'y eft pas plutôt arrivé qu'il s'élève, parmi
les fpectateurs, un bruit confus fur le compte
de ce joueur de flûte : les uns affurent qu'il
eft mort ; les autres foutiennent au contraire
qu'il va paroître inceffamment. La toile
étant tirée, & le tonnerre artificiel s'étant
fait entendre, les dieux vinrent parler fur
le théâtre, felon la coutume. Alors notre
joueur de flûte fe laiffa plaifamment tromper, par un air affez connu que le chœur
de mufique chanta, & qui commence par
ces paroles :

Le Prince eft en fanté, Rome, il faut que l'on voie
Parmi tes Citoyens l'affurance & la joie.

On fe lève de tous côtés pour applaudir ;
le Joueur de flûte, croyant que c'eft une
marque de faveur, & de la joie qu'on a de
le revoir, fait de la main à l'affemblée mille
remercîmens. Les Chevaliers connurent auffi-
tôt fon erreur & fa fottife ; &, riant de tout
leur cœur, ils ordonnent aux muficiens de
recommencer le même air. On le répète : les
Chevaliers applaudiffent en fe moquant ; &
notre homme, qui ne s'en apperçoit point,
fait mille révérences, & fe proferne tout de
fon long fur le théâtre. Le peuple croit d'a-

VIII. OCCASIO DEPICTA.

Fugit irreparabile tempus.

C   4   5   1   2   3
Cursu volucri pendens in novacula,
   6   8   7   10   9
Calvus, comosâ fronte, nudo corpore;
 11 13   14   12   20   21
Quem fi occupâris, teneas; elapfum femel
 17   16 18   15   19
Non ipfe poffit Jupiter reprehendere;
     23   24   22   25
Occafionem rerum fignificat brevem.
     35   34   31   33   32
   Effectus impediret ne fegnis mora,
   27   26   28   29   30
Finxere antiqui talem effigiem Temporis.

bord qu'il demande la couronne qui étoit le prix de ces jeux ; mais quand on eut compris dans tous les rangs des fpectateurs, la fotte idée du perfonnage ; tout paré qu'il /étoit de la bandelette blanche qui lui lioit encore la jambe, d'un habit auffi éclatant que la nei-ge, & de fes fouliers blancs ; le pauvre Prince, affez préfomptueux pour s'arroger un honneur que l'on rendoit à la maifon d'Augufte, fut jeté dehors, par tous les affiftans, la tête la première.

VIII. *Emblême de l'occafion.*

On ne trouve plus l'occafion, quand une fois on l'a laiffé échapper.

Un homme qui court fi vîte, qu'il pourroit marcher fur le tranchant d'un rafoir fans fe couper : chauve par derrière ; ayant des cheveux par devant ; le corps tout nud ; qu'il faut tenir de toutes fes forces, quand on l'a faifi, parce qu'une fois échappé, Jupiter lui-même ne pourroit le reprendre. Cet homme, dis-je, nous marque que dans les affaires l'oc-cafion ne dure qu'un moment. ¶ Les Anciens ont inventé cette figure du temps pour nous apprendre que le moindre délai peut empê-cher l'effet des meilleures entreprifes.

IX. TAURUS ET VITULUS.

Ne sus Minervam.

6 4 5 1 2 3
ANGUSTO in aditu Taurus luctans cornibus
7 9 10 8 11 12
Cùm vix intrare posset ad præsepia,
14 13 15 18 16 17
Monstrabat Vitulus quo se pacto plecteret :
19 20 23 22 21 24 25 26 27
Tace, inquit, ante hoc novi quàm tu natus es.
28 30 29 33 32 31
Qui doctiorem emendat, sibi dici putet.

X. VENATOR ET CANIS.

Omnia fert ætas.

8 9 2 11 10
ADVERSUS omnes fortis veloces feras
1 3 7 6 4 5
Canis cùm domino semper fecisset satis,
13 12 14 15
Languere cœpit annis ingravantibus.
16 17 20 18 19
Aliquando objectus hispidi pugnæ suis,
21 22 23 25 24
Adripuit aurem; sed, cariosis dentibus,
27 26 28 29 30 31
Prædam dimisit. Hîc tum Venator dolens
33 32 34 37 36 35
Canem objurgabat. Cui latrans contra senex :
39 41 40 38 42 43 44
Non me destituit animus, sed vires meæ ;

IX. *Le Taureau & le Veau.*

Il ne faut point donner de leçons à plus habile
que soi.

UN Taureau se débattoit avec ses cornes
dans un paſſage étroit, & avoit de la peine
à entrer dans ſon étable. Un Veau lui voulut
montrer comme il falloit qu'il ſe pliât pour
y réuſſir; mais le Taureau lui répondit:
Tais-toi, je ſais cela avant que tu fuſſes né.
¶ Celui qui veut corriger un plus habile que
ſoi, doit prendre cette leçon pour lui.

X. *Le Chaſſeur & le Chien.*

Tout ſe paſſe avec l'âge.

UN Chien qui, par ſa vigueur à pourſuivre
les bêtes les plus agiles, avoit toujours rendu
de bons ſervices à ſon maître, devint enfin,
ſous le poids des années, infirme & lan-
guiſſant. Un jour étant aux priſes avec un
ſanglier des plus forts, il le prit par l'oreille;
mais comme ſes dents ne valoient rien, il
fut obligé de lâcher ſa proie. Alors le Chaſ-
ſeur fort mécontent ſe mit à le gronder;
mais le vieux Chien lui répondit en ſon

Quod fuimus laudas, jam damnas quod non sumus.

Hoc cur, Philete, scripserim, pulchrè vides.

FINIS.

langage : Si je te fers mal, ce n'est pas que
je manque de courage, ce font les forces
qui m'abandonnent. Tu me loues de ce que
je ne fuis plus ce que j'ai été. ¶ Vous
voyez bien, mon cher Philétus, à quel
deffein j'ai fait cette fable.

FIN.